利益が出せる生産統制力

異常の芽を事前に摘み取るQCD管理

坂倉 貢司
Koji Sakakura
著

日刊工業新聞社

はじめに

　日本の製造業は、従来は先行技術のキャッチアップや応用力、すり合わせ技術が得意で、それら匠の技が工程を支えていると言われてきた。昭和30年代後半〜40年代の高度経済成長期からオイルショックを経て、日本のものづくりが世界で認知され始めた頃、たとえば自動車産業ではアメリカのビッグスリーの背中を見て、技術取得や開発で「追いつけ・追い越せ」の時代にあったが、同時に「安かろう・悪かろう」の払拭に懸命で品質管理体制の構築に余念がなかった。

　やがて気がつけばビッグスリーを追い越し、今度はジャーマンスリーの背中が見え始め、ついに販売台数でトップ争いに加わる。20世紀後半の短期間にこれを可能にし得たのは、応用開発力と工程管理のうまさで市場に投入する日本製品の魅力と信頼が浸透したからであろう。日本の工程管理力や現場力、統制力は現場で培われた暗黙知が多く、欧米はそれを理解し活用するためにさまざまな形式化を試みた。しかし、ルール化や組織の体系化、製品化プロセスコントロールの定義化で対応しようとしたものの、日本の優位は揺るがなかった。

　21世紀に差し掛かる頃に、バブル崩壊の後遺症と急激な円高による製造業の海外流出、高い輸入浸透率による国内生産規模の縮小に見舞われた。廉価な輸入品との競争や、市場規模の縮小による利益額の減少に対応するため、コスト抑制策としての労務費削減と、少子高齢社会対策による非正規労働者への切り替えが従来の正規労働者へも波及し、低賃金化がコスト削減の構成要素として定着化し始めた。これと並行して、工程管理や現場管理の源泉となる統制力で高度経済成長期を支えてきたいわゆる「団塊の世代」のリタイアは、暗黙知を多数織り込む日本式生産管理の技術伝承を難しくし、従来型の統制力では対応が難しくなったと言われている。

　その間、急速に製造業としての力量を蓄えた中国を筆頭とする新興国は、新技術のキャッチアップや応用が日本のメーカー以上に早く、対等以上の競争力を身につけ日本製の優位を脅かす存在に成長した。日本市場を含むグローバル市場で日本の製造業が勝ち残るためには、新技術や応用技術で競争に負けられ

1

ないが、工程管理における統制力を発揮した現場の優位性でも後れをとるわけにはいかないのである。

　しかし、新技術が目まぐるしく発展変化する状況下で、徐々に現場力が衰退しつつあるとは言え、現在も相対的に高い発揮能力を持つとされるのが日本のメーカーである。ただし本当に現場力を維持し、今後も競争力を確保できるかどうかは懸念せざるを得ない。近年、一流と言われる企業の相次ぐデータ改ざんや、ルール違反によるリコールが発覚し、技術や品質に定評のあった日本製品に疑義がもたらされる事態になってきているのは、その一端と見た方がよい。

　任せると任せっぱなし、和気藹々（あいあい）と慣れ合い、叱ると怒るはまったく異なる。見ると観るが違うように、体験と経験、経験と知見へと昇華していかなければならないが、そこには明確な統制の意志が必要となる。統制力の低下は、①問題発生時に根本的な解決ができない、②怯むような場面で思い切った行動を起こせない、③悩みの種を放置して先延ばしにする、④自分の意思を持って変化を起こせない、⑤「大目に見てくれる」と悟った人が多く近づいてくる、⑥コミュニケーションスキルに問題が発生する、という場面で顕著に表れる。

　人は、強制されることや我慢を際限なく強いられることを嫌う。目的が明確で、結果のフィードバックが適時適切で、強制や我慢ではなく自らが進んで行う仕組みが今こそ求められる。過去に統制力の発揮方法として、「サッカー型」「野球型」の組織の特徴について話題になったことがあった。筆者は、現在のわが国の工程管理における統制力はその中間的な「吹奏楽型」が適切としたい。

　吹奏楽は、各パート（フルートやオーボエ、トランペットなど）の集合体であり、指揮者の下で演奏する。組織目的は、演奏で聴衆を感動させることである。練習でパートごとに音合わせをし、指揮者は各パートの調律を取って行く。各パートにはまとめ役のリーダーがいる。演奏中に各パートは常に指揮者を見ているわけではないが、指揮者が演奏中に各パートやソロ演奏者に指揮棒や目配せ、うなずき、顔向けなどで総合的な調律を統制し目的を達成させていく。パートの演奏力は指揮者の統制の範囲内で最大化し、パートの異常はリアルタイムで指揮者に気づきを与えられて修正されて、組織目的は最大化されて達成される。このようなイメージである。

本書は、時代背景を踏まえつつ工程管理者や従事者が、日本企業の生産管理や工程管理の源泉であった現場力を構築する糸口を見つけ出せることをテーマに、工程の統制をムダ・ムラ・ムリなく円滑に再構築する気づきのポイントをまとめた。今、求められる統制力とは強権で押さえつけて管理で縛りつける古い統制のことではなく、指揮の範囲を設定した中で自主的に活動できる組織をどうつくるかであろう。そのためには古い統制概念の打破や、統制が崩壊している工程の再定義が必須になる。現場で工程管理をうまく機能させることができないなら、古い概念に縛られていないかどうか、もう一度基本に立ち返って統制力を見つめ直すことが必要であり、その一助になればと思う。

　最後に本書をまとめるに当たり、日本生産管理学会、株式会社セキデン（三重県亀山市）の諸氏にご協力いただいたことに、この場を借りて謝意を表する。

2022年3月

筆　者

利益が出せる生産統制力

異常の芽を事前に摘み取るQCD管理

目 次

第 2 章
生産統制の仕組みづくり

第 3 章
効率の良い生産統制を構築しよう

第 **4** 章
ルールが守れる組織を編成する

第 5 章
統制管理を全社的に進める

第 6 章
維持から改善へ移行する手順

第 **1** 章

生産統制が
組織力の基本

1-1 企業の利益構造の最適化

➡ 企業活動は利益活動である

　企業の活動は市場のニーズを把握し、資金を調達し、企業を設立して活動を開始することである。企業は生産活動（サービスを含む）で付加価値を織り込み、市場が求める時期と量と価格で提供し、資金を回収する循環で成り立っている。

　企業は提供した付加価値に対して売上を得て、それに要した製造原価を差し引いて粗利を得る。粗利から販売・管理費を差し引き、営業活動で得た利益を確保する。利益は、売上金の回収がされなければ企業活動の継続ができなくなる。売上は、ブランド力に代表される付加価値への信頼・信用が必要となる。製造原価は、付加価値を増加させるための製造工程において、ばらつきの管理など最小の入力で最大の出力を得る工夫が必要となる。付加価値にはQ（品質）・C（コスト）・D（納期）がムダ・ムラ・ムリなく増加させなければならない。製造工程でQCDが織り込まれて行くことになる。企業利益構造の最適化とは、これらの仕組みの最適化とその維持である。

➡ QCDの概要

　QCDは互いに関連する。Q（品質）は過不足なく織り込まれる必要があり、品質コストとして考える。品質コストとは、定められた品質に達するための失敗（品質不良やその手直しや破棄）コスト＋失敗を予防する（品質管理や検査やそのシステムを構築する）コストの総和である。失敗コストと予防コストはトレードオフ（二律背反条件）の関係にあるが、その総和は、市場のニーズや企業の経営目的によりそのバランスや絶対値が決定されることになる。

　たとえば、販売価格の高い商品や人命の安全に関する商品は、品質コストの絶対値が高く、かつ予防コストを高くしないと失敗コスト発生時に多大な失敗コストを発生させる。一方で、失敗コストを恐れるあまり、予防コストを過大にかけることは、C（コスト）が市場に受け入れられないレベルとなる。失敗コストが多い工程は、付加価値が工程を通過していくに従って増すため、最終段階で失敗と判断されると、その段階までの付加価値がムダになる。また、手

直しや再生産によるD（納期）の遅延が発生する。

　市場は、付加価値を増加させる工程管理が安定している商品に、信頼を寄せる傾向がある。それがブランド力を形成することになり、売上増加や販売価格の向上が見込める。

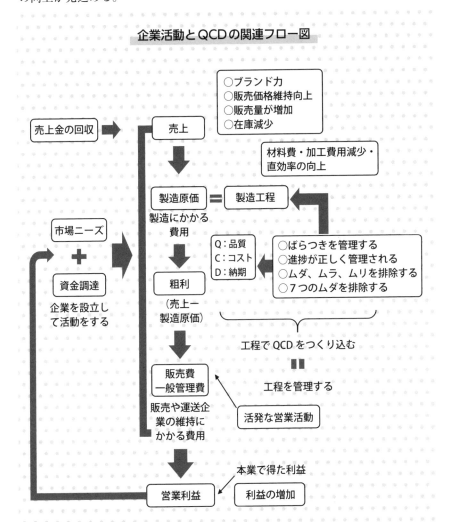

企業活動とQCDの関連フロー図

1-2 付加価値をつくり出す構造

利益の源泉は付加価値

　平成から令和に至る時点での日本の企業数は、約360万社で近年減少傾向にある。その中で小規模事業者は約85%、中規模事業者は15%を占める。大企業は1%未満で、中小企業が99.7%を占める。そこで働く小規模事業者従業員は22%、中規模事業者の従業員は46%である。多くの人が中小企業に生活を委ねているが、中小企業がつくり出す付加価値額は53%を占めているに過ぎない。製造業では、原材料を担当する川上から、組立工程や最終製品工程を担当する川下企業までを川の流れに見立てて表現し、商流と言う。最川上や最川下企業は大企業であることが多く、利益は最川上と川下企業が最も得やすい構造となる。

　商流の中間に位置する中小企業は、付加価値を織り込んで川下へ流す仕組みであるが、中間に位置する企業には留まりにくい。そのため中小企業は、営業利益の最大の源泉である付加価値額を効率的に得る活動を行うことになる。次ページの上図は、中小企業白書における付加価値額の定義である。

付加価値をつくり出す構造

　付加価値をつくり出す構造図において、購入先などから投入する資源を、付加価値を与える変換装置（内部費用）で加工度を上げていき、販売先へ出荷することで対価を得る構造である。

　変換装置の中は、4M（Man：人、Machine：機械・装置、Material：原材料・前工程からの投入品、Method：方法、工程手順）で構成される。これらが計画を意図した時点、これを生産計画というが、その計画に沿って正しく運用されているかを計測する手段を1M（Measurement：計測・測定）と呼ぶ。人の体に例えるなら、健康を維持したいと誰もが思うし、それが意図された生活水準である。平素から体温や血圧、心拍数を測定しておくと、体調が思わしくないと感じたら体温を測り、38℃の計測値で医療機関にかかるなどの対応処置をとることができる。体温を計測する技術と平熱ではないという知見（ノウハウ）がないと、異常を発見できず、処置もとれないことになる。これを工程

付加価値額の定義

付加価値額の計算
付加価値額＝営業利益＋(給与総額＋福利厚生費)＋動産不動産賃借料＋
租税公課＋減価償却費

実務上の付加価値額の計算

実務上では、左図の売上額から外部へ支払う費用を引いた額と考えることができる。内部の費用とは、建物や設備の減価償却費[注1]や労務費、販売費および一般管理費[注1]など企業活動にかかる経費の総額である。外部からの購入費は、材料購入費や光熱費、外注加工賃など、購入して対価を支払うものである。付加価値額と労働生産性の関係から、自社の内部費用を使用して付加価値を付加していく作業が企業利益の源泉となるため、内部費用と付加価値の関係に着目する必要がある

注1：管理会計では外部からの購買費を変動費、内部の費用を固定費と定義することもある

付加価値をつくり出す構造図

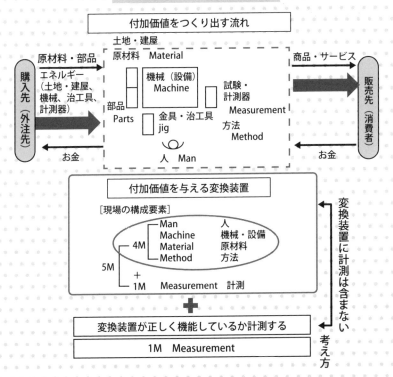

管理に置き換えると、知見とは良品条件や工程の管理要素（規格値、管理値）である。

4M+1Mを5Mとひとくくりにすることも多いが、機能別に定義するなら変換装置としての4Mと、その維持改善を目的とする計測機能としての1Mは分けて管理すべきである。1M（Measurement：計測・測定）の目的を変換装置の一部と認識すると、計測作業工程になってしまい、計画時に意図した結果が得られなくなる。付加価値をつくり出す構造は4Mであり、工程内の変動要因も4Mである。

➡ 市場から見た付加価値

市場は、付加価値を期待値として見ることが多い。商品やサービスは、対価を手放す代わりにそれに見合う利便性を提供してくれる期待値としてとらえる。たとえば、テレビを購入する場合に、それを入手することにより生活の質的向上を期待する。映画鑑賞が趣味であれば自宅でシアターが楽しめる、スポーツ観戦ができる、余暇が充実するなどである。そのため、対価を手放すときに期待するのは所有する喜びである。入手後は期待通りだったか、利便性と対価との評価が行われる。

使い続けていくと、期待値以上の満足や不満足が発生してくる。たとえば、突然故障して画面が映らなくなることや、ちらつきで目が疲れるなどである。高価なテレビが1年くらいで映らなくなると大きな不満が発生するが、その時点で使用者は使用価値を認識することになる。製造側は、どの程度の使用価値が必要かを想定しなければならない。市場から見た付加価値において、製造工程でどのような努力や資源投入が行われたのかは一切関係しない。そのため、同等の市場から見た付加価値であるなら、より少ない資源投入で達成する必要がある。これを、VA（Value Analysis：価値工学）という手法を使って最適化する。

Point

◆ 企業利益の源泉は付加価値をつけること。付加価値は工程の変換装置4Mでつくり込まれる。

◆ 工程管理を統制する必要がある。

付加価値構造と統制

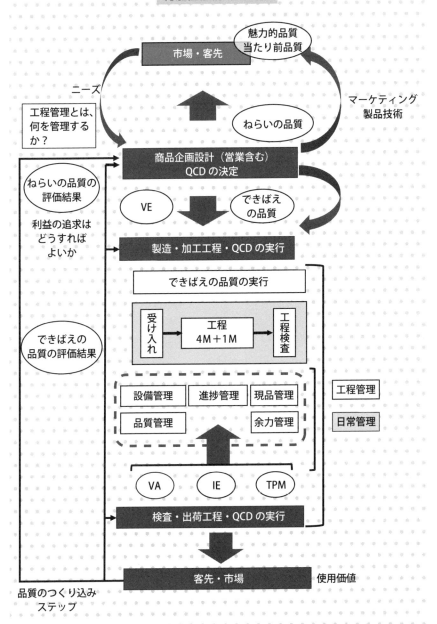

市場・客先 ← 魅力的品質 当たり前品質

ニーズ

工程管理とは、何を管理するか?

マーケティング 製品技術

ねらいの品質

商品企画設計 (営業含む) QCD の決定

ねらいの品質の評価結果

VE

できばえの品質

利益の追求は どうすれば よいか

製造・加工工程・QCD の実行

できばえの品質の実行

受け入れ → 工程 4M+1M → 工程検査

できばえの 品質の評価結果

設備管理　進捗管理　現品管理
品質管理　　　　　　余力管理

工程管理

日常管理

VA　　IE　　TPM

検査・出荷工程・QCD の実行

客先・市場

使用価値

品質のつくり込み ステップ

1-3 SDGsとの関係

➡ SDGsとは

SDGsとは「Sustainable Development Goals（持続可能な開発目標）」の略称で、2015年9月の国連サミットで採択された。国連加盟193カ国が2016年から2030年の15年間で達成するために掲げた目標である。

企業は、永続的に適正な利益を確保しながら存続することが求められる。したがって、SDGsの17項目の取り組みは企業活動に影響を与えることになる。

1. 貧困をなくそう：あらゆる場所で、あらゆる形態の貧困に終止符を打つ
2. 飢餓をゼロに：飢餓に終止符を打ち、食料の安定確保と栄養状態の改善を達成するとともに、持続可能な農業を推進する
3. すべての人に健康と福祉を：あらゆる年齢のすべての人の健康的な生活を確保し、福祉を推進する
4. 質の高い教育をみんなに：すべての人々に包摂的かつ公平で質の高い教育を提供し、生涯学習の機会を促進する
5. ジェンダー平等を実現しよう：ジェンダーの平等を達成し、すべての女性と女児のエンパワーメントを図る
6. **安全な水とトイレを世界中に**：すべての人に水と衛生へのアクセスと持続可能な管理を確保する
7. **エネルギーをみんなにそしてクリーンに**：すべての人々に手ごろで信頼でき、持続可能かつ近代的なエネルギーへのアクセスを確保する
8. **働きがいも経済成長も**：すべの人のための持続的、包摂的かつ持続可能な経済成長、生産的な完全雇用およびディーゼント・ワーク（働きがいのある人間らしい仕事）を推進する
9. **産業と技術革新の基盤をつくろう**：強靱なインフラを整備し、包摂的な持続可能な産業化を推進するとともに、技術革新の拡大を図る
10. 人や国の不平等をなくそう：国内および国家間の格差を是正する
11. **住み続けられるまちづくりを**：都市と人間の居住地を包摂的、安全、強靱かつ持続可能にする
12. **つくる責任つかう責任**：持続可能な消費と生産のパターンを確保する

SDGsと企業活動の関係

SDGs（Sustainable Development Goals）
持続可能な開発目標

 1. 貧困をなくそう
あらゆる場所で、あらゆる形態の貧困に終止符を打つ

 7. エネルギーをみんなに そしてクリーンに
すべての人々に手ごろで信頼でき、持続可能かつ近代的なエネルギーへのアクセスを確保する

 13. 気候変動に具体的な対策を
気候変動とその影響に立ち向かうため、緊急対策を取る

 2. 飢餓をゼロに
飢餓に終止符を打ち、食料の安定確保と栄養状態の改善を達成するとともに、持続可能な農業を推進する

 8. 働きがいも経済成長も
すべての人のための持続的、包摂的かつ持続可能な経済成長、生産的な完全雇用およびディーセント・ワーク（働きがいのある人間らしい仕事）を推進する

 14. 海の豊かさを守ろう
海洋と海洋資源を持続可能な開発に向けて保全し、持続可能な形で利用する

 3. すべての人に健康と福祉を
あらゆる年齢のすべての人の健康的な生活を確保し、福祉を推進する

 9. 産業と技術革新の基盤をつくろう
強靭なインフラを整備し、包摂的で持続可能な産業化を推進するとともに、技術革新の拡大を図る

 15. 陸の豊かさも守ろう
陸上生態系の保護、回復および持続可能な利用の推進、森林の持続可能な管理、砂漠化への対処、土地の劣化の阻止および逆転、ならびに生物多様性損失の阻止を図る

 4. 質の高い教育をみんなに
すべての人に包摂的（※）かつ公平で質の高い教育を提供し、生涯学習の機会を促進する

 10. 人や国の不平等をなくそう
国内および国家間の格差を是正する

 16. 平和と公正をすべての人に
持続可能な開発に向けて平和で包摂的な社会を推進し、すべての人に司法へのアクセスを提供するとともに、あらゆるレベルにおいて効果的で責任ある包摂的な制度を構築する

 5. ジェンダー平等を実現しよう
ジェンダーの平等を達成し、すべての女性と女児のエンパワーメントを図る

 11. 住み続けられるまちづくりを
都市と人間の居住地を包摂的、安全、強靭かつ持続可能にする

 17. パートナーシップで目標を達成しよう
持続可能な開発に向けて実施手段を強化し、グローバル・パートナーシップを活性化する

 6. 安全な水とトイレを世界中に
すべての人に水と衛生へのアクセスと持続可能な管理を確保する

 12. つくる責任 つかう責任
持続可能な消費と生産のパターンを確保する

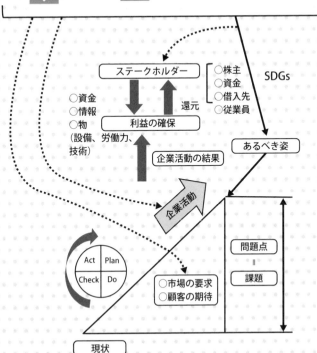

13. **気候変動に具体的な対策を**：気候変動とその影響に立ち向かうため、緊急対策を取る

14. 海の豊かさを守ろう：海洋と海洋資源を持続可能な開発に向けて保全し、持続可能な形で利用する

15. 陸の豊かさも守ろう：陸上生態系の保護、回復および持続可能な利用の推進、森林の持続可能な管理、砂漠化への対処、土地劣化の阻止および逆転、ならびに生物多様性損失の阻止を図る

16. 平和と公正をすべての人に：持続可能な開発に向けて平和で包摂的な社会を推進し、すべての人に司法へのアクセスを提供するとともに、あらゆるレベルにおいて効果的で責任ある包摂的な制度を構築する

17. パートナーシップで目標を達成しよう：持続可能な開発に向けて実施手段を強化し、グローバル・パートナーシップを活性化する

⮕ SDGsと企業活動の関係

　企業活動が利益の追求であることは変わらないが、そこに持続可能性を織り込むための手段に工夫が必要となってきた。生産地や資材調達地の選定時に、労働力や資源調達国が貧しい子供たちを使って違法な強制労働や採掘をしていないか、製造から製品が廃棄され自然に戻るまでの環境負荷が適切かなど、直接的に影響を受ける項目（1から17項の**太字**に示した）もあれば、海外子会社の活動や所属する従業員の生活にまで配慮する必要が求められる。

　企業は利益を適正に追求する過程において、SCM（Supply Chain Management：部品や原材料の調達から、製造・販売・流通などの過程を通じて製品が最終消費者の手に渡るまでの流れ）と製品の寿命後の影響、社会全体の文化的な生活を営む支援まで考慮した管理が求められ、社会的責任を企業に求められる時代となりつつある。前ページの図に示したが、SDGsを企業の経営目標のあるべき姿に含めて、ステークホルダー（利害関係者、従業員も含まれる）との関係を調整しつつPDCAを回して達成していく必要がある。

⮕ SDGsと企業活動に直接的な関係性の説明

　SDGsの17項目中、企業運営に関係する連関を次ページに示す。これらを企業運営にどのように取り込んでいくかは、ISO9001やISO14001などの品質・環境システムの整備も有効である。

SDGsと企業活動に直接的な関係性の連関図

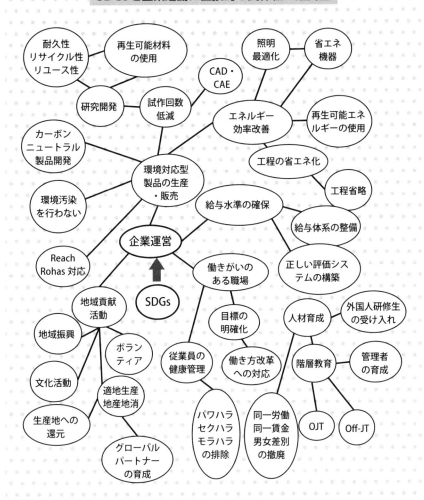

1-4 ムダ取りが統制の基本

ムダ取りとは

　企業活動は市場から資本を調達し、人・物・金を整えて原材料などを入力し、変換装置（4M）で付加価値を織り込んで出力する。出力は商品やサービスであり、これらを提供して対価を得て、資本の提供や人・物・金の調達に関与した関係先（ステークホルダーという）に還元することである。より少ない入力で、より大きな出力を得ることが変換装置の役割であり、出力／入力を効率という。

　変換装置の効率を向上させる切り口がムダ取りである。ムダの発生場所は、変換装置内と出力時の出荷検査、出荷後の返品やクレーム、リコールがある。

7つのムダ

　ムダには7つの類型があると言われている。つくりすぎのムダ、手待ちのムダ、運搬のムダ、加工そのもののムダ、在庫のムダ、動作のムダ、不良をつくるムダがある。加工そのもののムダと動作のムダは同じようであるが、ムダを標準化するムダということで、「図面や作業指示に記載されていることは本当にムダなことではないのか」と贅肉を落とす工夫を常にすることである。動作のムダは、楽な作業方法を考えることで、たとえば工具を持ち替えるようなことは疲れてしまう。たとえ軽いものでも、下から上に持ち上げるような動作は疲れる。これは「動作経済の原則」と言われ、楽に続けられるような動作にすると、労働力のインプットに対するアウトプットへのエネルギー投入量がより低くなる方法を工夫するための基本を示したものである。

　7つのムダの最初につくりすぎのムダがあるのは、一度につくると段取り替えも少なく、効率が良いと勘違いすることが多いことからである。最後は不良をつくるムダであるが、これは不良をつくってしまったムダもあるが、不良をつくらないための予防管理のムダも含まれる。品質コストは、品質の失敗コストと失敗を予防するコストの総和であるが、予防コストには検査コストも入る。検査をなくす工夫は、工程内で品質保証を行える工程管理に変えることであり、検査は付加価値を増大させない作業であることを認識すべきである。

企業活動の変換装置と7つのムダの類型

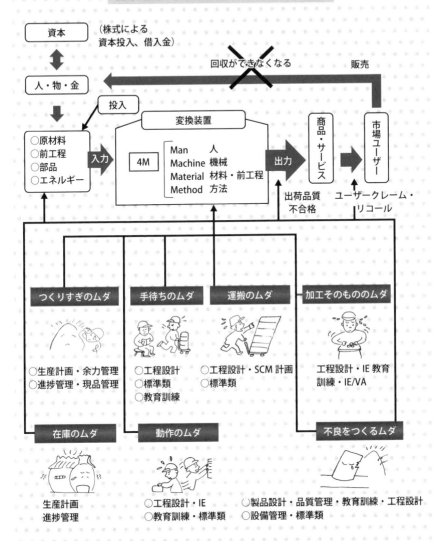

| 資本 | （株式による
資本投入、借入金） |

回収ができなくなる　✕　販売

人・物・金

投入

○原材料　　入力　　変換装置
○前工程
○部品　　　4M　Man　　　人
○エネルギー　　　Machine　機械
　　　　　　　　Material　材料・前工程
　　　　　　　　Method　　方法　　出力

商品・サービス　市場ユーザー

出荷品質　　ユーザークレーム・
不合格　　　リコール

つくりすぎのムダ
○生産計画・余力管理
○進捗管理・現品管理

手待ちのムダ
○工程設計
○標準類
○教育訓練

運搬のムダ
○工程設計・SCM計画
○標準類

加工そのもののムダ
工程設計・IE教育
訓練・IE/VA

在庫のムダ
生産計画
進捗管理

動作のムダ
○工程設計・IE
○教育訓練・標準類

不良をつくるムダ
○製品設計・品質管理・教育訓練・工程設計
○設備管理・標準類

P oint

◆ ムダ取りは7つのムダを切り口に検討する。

◆ 工程管理はムダの排除である。

◆ 動作にムダが含まれていないか、常に確認する。

1-5 5Sの本質を理解する

➡ QCDとは

　付加価値を増大させる変換装置4Mにムダが内在していると、効率が低下する（前項でも解説）。変換装置は、ねらいの品質をできばえの品質に変換する装置と言い換えることもできる。

　Q（Quality：品質＝品質コスト）、C（Cost：コスト）、D（Delivery：納期）は、ねらいの品質で決定される。ねらいの品質とは、市場や顧客が求めている要求条件であり、これらは契約事項でもある。定められたQCDを正確に転写し、付加価値を織り込んで契約事項を達成することが必要である。付加価値を増大させる装置には、QCDがねらい通りに織り込まれていなければならない。

➡ QCDと変換装置4M+1Mの関係

　QCDを転写する変換装置が4Mである。変換装置は安定的な管理下に置かれ、変換結果（出力）が定められた契約条件を逸脱することがないよう、1Mを使って定められた特性値の範囲内に納めなければならない。さらに、効率の低下も管理する必要がある。たとえば、7つのムダの不良をつくるムダは、

①工程を通過し、付加価値を増大させて不良で破棄されれば、すべてがムダになる

②不良の手直しをする場合に余分にコストがかかる

③不良の手直しや破棄されたため再生産する場合に、指定納期に遅延する

を指摘している。工程が安定状態にあることを常に管理することは、7つのムダの排除からも重要なことである。

　5Sと変換装置との関係を次ページの図に示す。変換装置の安定化が目的のフロー図であり、そのためには、あらかじめどのように安定化操作をすべきか条件を決めておかなければならない。その条件とは、品質特性を定めることである。目的は、工程という変換装置の真の姿を見定める理由のためである。工程の真の姿は、見える化のツールを使うことが簡単でわかりやすい。

5S と変換装置との関係

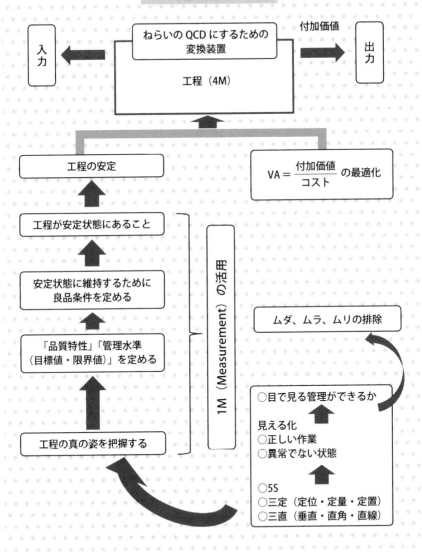

入力

ねらいの QCD にするための
変換装置

工程（4M）

付加価値

出力

工程の安定

$$VA = \frac{付加価値}{コスト} \text{ の最適化}$$

工程が安定状態にあること

安定状態に維持するために
良品条件を定める

「品質特性」「管理水準
（目標値・限界値）」を定める

工程の真の姿を把握する

1M（Measurement）の活用

ムダ、ムラ、ムリの排除

○目で見る管理ができるか

見える化
○正しい作業
○異常でない状態

○5S
○三定（定位・定量・定置）
○三直（垂直・直角・直線）

➡ 5S・三定・三直とは

　整理・整頓・清掃・清潔・躾のローマ字読みがすべてSで始まるため5Sと言う。具体的な手順は次ページの図に示したが、まずは最初の2S（整理・整頓）だけでも実行できればよい。整理で不要なものを排除すれば、残ったものは工程にとって必要なものであるから、これらをいつでも取り出して活用できるように整頓する。その際に、三定や三直を活用するとわかりやすい。

　三定とは、以下の3つを管理するための概念である。

　「定品」：決まったものを置くこと←置き場の表示や使用状況の明示

　「定位」：置き場を決めること←決まった位置にあること

　「定量」：決まった量だけを置くこと←置いてある員数が定まっていること

　そして、三定の実行のためには、三直を心がけるとわかりやすい。これには2S（整理・整頓）が前提となる。

　運動会のマスゲームは、誰か一人でも異なった動きをすれば、指揮台の上から異常がひと目でわかり、その場で指導が可能となる。このように、5Sは工程の異常状態を発見して対応するための重要なツールである。変換装置の真の姿を、見えやすいように工夫することを「見える化」と言う。5S運動が活発に行われるが、目的は変換装置の動作不良の早期発見と是正処置にあることを念頭にしないと、単なる美化運動になってしまう。

　変換装置の4Mの状態が見える化できると、4Mの構成要素が最適でムダのない動きが自主的に活動できるようになる。

5Sの基本手順

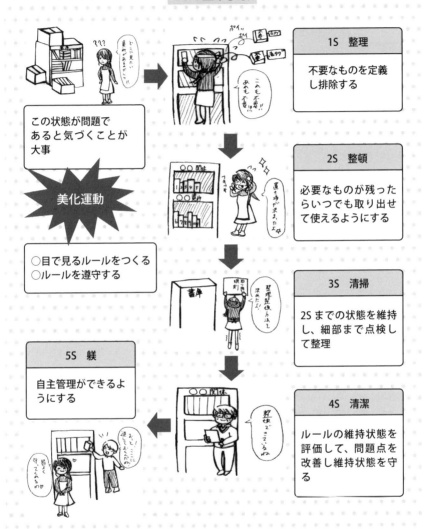

1S 整理

不要なものを定義
し排除する

この状態が問題で
あると気づくことが
大事

美化運動

○目で見るルールをつくる
○ルールを遵守する

2S 整頓

必要なものが残った
らいつでも取り出せ
て使えるようにする

3S 清掃

2Sまでの状態を維持
し、細部まで点検し
て整理

5S 躾

自主管理ができるよ
うにする

4S 清潔

ルールの維持状態を
評価して、問題点を
改善し維持状態を守
る

Point

◆ 5S・三定・三直は見える化のツールで、目的ではなく手段である。

◆ 5Sは、2Sを確実に実行できるようにする。

◆ 自主管理活動ができるように運用する。

1-6 TPSも統制力が必要

➡ TPSの実践

　TPSとはトヨタ生産方式のことを指し、徹底的なムダの排除を行って生産性を向上し、利益を増大させる仕組みである。1-4項で述べた通り、ムダとはムダ取りであり、工程という変換装置で4Mを使って付加価値を増大させることで、最も効率的に運用する仕組みである。

　もののつくり方で原価は変わると言われているが、以下のムダ取りのアプローチを怠らずに進めたい。

　①ムダがわかること←ムダ・ムラ・ムリが理解されている

　②ムダが発見できること←見える化の徹底で、誰もがひと目で見つけられる

　③ムダを放置しないこと←迅速な行動ができる

　④ムダの排除が確実に実行されること←現地・現物・現認[注1]が実行される

　⑤ムダの排除が維持されること←標準化・ルールの徹底

　なお、見える化や1-5項で触れた5Sは、これらの基本的なツールである。

➡ TPSの構造

　TPSの二本柱は、ジャストインタイム（必要なものを、必要なときに、必要なだけ）と自働化（にんべんのついた「働」を当て、人が主体となって不良をつくり続けない工程を構築）である。ジャストインタイムは、自働化の工程統制がTPSの前提となる。自己流・俺流のルール解釈や行動はまったく許される余地がない工程統制が、TPSの基本構造となる。

　TPSを模倣する上での注意事項は以下の通りである。

　①ムダを理解し、ムダ取りの運営管理をすること

　②ムダを発見しやすい、仕掛品を最小限（リーン生産）で投入運営すること

　③仕掛品が計画通りに進捗しない、滞留する工程を見つけて対策すること

　④ルールを守らせ、ルールは改善すること

注1：問題は現場にあり、解答も現場にあるから、現地で現物を調べて現場とともに対策することである。

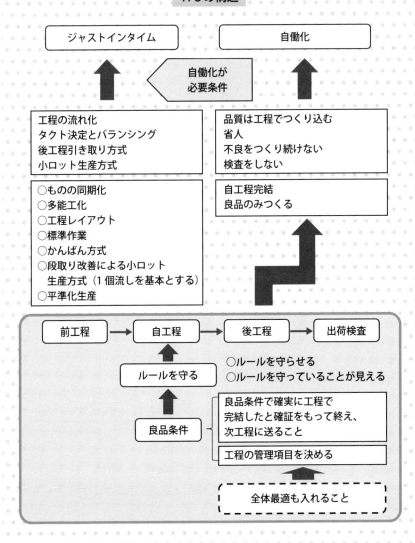

TPSの構造

| ジャストインタイム | 自働化 |

自働化が
必要条件

工程の流れ化
タクト決定とバランシング
後工程引き取り方式
小ロット生産方式

品質は工程でつくり込む
省人
不良をつくり続けない
検査をしない

○ものの同期化
○多能工化
○工程レイアウト
○標準作業
○かんばん方式
○段取り改善による小ロット
　生産方式（1個流しを基本とする）
○平準化生産

自工程完結
良品のみつくる

| 前工程 | → | 自工程 | → | 後工程 | → | 出荷検査 |

ルールを守る

○ルールを守らせる
○ルールを守っていることが見える

良品条件

良品条件で確実に工程で
完結したと確証をもって終え、
次工程に送ること

工程の管理項目を決める

全体最適も入れること

Point

◆ TPSはムダの徹底的な排除をするため、ムダがわかりやすい工程にする。

◆ ルールを守ることが前提で、守る→改善は統制力が必要である。

1-7 生産工程の真の姿を見る

生産工程の真の姿を見る必要性

　生産工程はQCDをねらいの品質通りに織り込んで、付加価値を増大させる変換装置である。この装置が、ねらいの品質の許容範囲にあるかどうかを知ることが工程管理であり、統制をかけなければならない理由であるが、工程を止めて観察してもわからない。31ページの図に示すように工程の母集団は無限であり、かつ変化していく。さらには、QCDの特性値の中には破壊検査が必要なものも多い。したがって、以下の手順を重視するとよい。

　○ねらいの品質で定義されたQCDの特性値や規格値を明確にする

　○次に管理値や良品条件を決定する

　○管理値や良品条件は測定可能性を確保するのが望ましい

　○測定方法を決定する（たとえば全数測定、抜き取り測定、頻度など）

　これらから工程の真の姿を推定することになるが、精度と費用と、真の姿を見誤り処置ができなかったことによる損失を検討し、バランスすることになる。

4M+1Mに注目する

　付加価値を増大させる変換装置は4Mで構成されるため、4Mの動きに注視することが工程の真の姿を見ることになる。大別すると、

　①要因系を見る←4Mを直接的に見に行く方法

　②結果系を見る←4M変換装置の出力結果を見に行く方法

である。要因系と結果系の管理をさらに進め、自工程完結工程にすることも検討する。4Mの良品条件からムダ・ムラ・ムリを定め、ルールを決めて教育訓練とその確からしさを確実に行うことで、要因系と結果系の両方で管理からの除外が可能となる。ただし、1Mにもコストがかかる。検査や管理コストは極小化が理想であるから、品質コストの総和を下げる活動をすべきである。

　なお、1Mの管理精度は4Mの特性値要求精度以上が必要である。さらに同一測定者が同一品を何回測定しても、一定の誤差に入っていることを管理するゲージR&R（繰り返し性と再現性）を活用する。

4M変換装置の安定化

ねらいの品質に対して許容範囲でなければならない

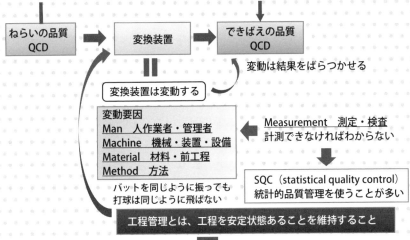

| ねらいの品質 QCD | → | 変換装置 | → | できばえの品質 QCD |

変動は結果をばらつかせる

変換装置は変動する

変動要因
Man 人作業者・管理者
Machine 機械・装置・設備
Material 材料・前工程
Method 方法

バットを同じように振っても
打球は同じように飛ばない

Measurement 測定・検査
計測できなければわからない

SQC（statistical quality control）
統計的品質管理を使うことが多い

工程管理とは、工程を安定状態あることを維持すること

安定状態とはどういうこと？
安定状態にするにはどうするのか？

○適切なツールを使いこなす
○4Mを安定させるために、1Mをどのように設定するか
○それらをどうやって構築するか

「工場管理、現場管理、製造管理」「工程改善」は、職制（組織）面からの切り口。
工程管理を理解していないと、活動しても効果が出ないことが多い

旅行に行ってはダメです！安静にね。

健康ですから旅行に行ってきます!!

血圧 150

38.5 体温

➡ 工程の真の姿は母集団を推定すること

工程では繰り返し生産が行われ、4Mが変化する生産単位をロットと呼んで管理する。発注単位の都合により、4Mの変化点が発生しない途中で生産単位をまとめることも多い。ロット内の4Mが変動する結果として、工程を通過した仕掛品や完成品のできばえの品質がばらつくが、これを群内変動と呼ぶ。また、ロット間の変動を群間変動と言う。これらの群間変動と群内変動すべてを含んだばらつきが、できばえの品質のばらつきである。

工程を管理するためには、これらがどのようなばらつき状態にあるかを知ることである。このばらつきを母集団と呼ぶ。母集団の姿は、あらかじめ定めた特性値ごとに推定することになる。特性値を決めてすべて測定するか、サンプルを抽出して測定するかの2つの方法がある。これらの手法はSQC（統計的品質管理：Statistical Quality Control）を使う。

➡ 統計的品質管理に頼り過ぎない

特性値を全量測定したとしても、特性値がねらいの品質を正しくできばえの品質に置き換えるために、網羅されたと考えてはならない。特性値の選定は工程管理のノウハウに依存する。ノウハウは、体験→経験→知見・ノウハウと変換されていくが、ノウハウ化されていない暗黙知も多いはずである。暗黙知を形式知にするためには、PDCAを回して歯止めをかけるしかない。

PDCAとはPDCAサイクルのことで、Plan→Do→Check→Actと回し、ワンサイクルごとに歯止め（標準化、ルールをつくって教育し守らせる）を行うことである。その現状把握として工程の真の姿を見ることが必要で、ツールとしてSQCを使う。工程の品質管理として、SQCをしていれば安心というようなことがないようにしなければならない。

➡ サンプリングは適切に選択する

次ページに図示した工程の真の姿と母集団の関係において、規格の上限と下限の間にどのようにばらついているかを、サンプリングで推定する場合が実務上は多い。適切にサンプリングするには、一般的にはランダムサンプリング法を用いる。しかし、たとえば刃具の摩耗による影響がばらつきに関係するのであれば、ロットの最初と最後をサンプリングするように、ランダムサンプリング法がいつも正しく母集団を補足できるとは限らないことに注意する。

工程の真の姿と母集団の関係

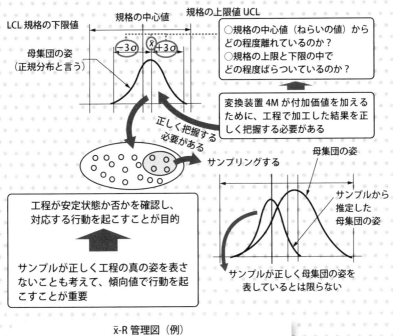

LCL 規格の下限値

規格の中心値

規格の上限値 UCL

母集団の姿
（正規分布と言う）

○規格の中心値（ねらいの値）から
どの程度離れているのか？
○規格の上限と下限の中で
どの程度ばらついているのか？

変換装置 4M が付加価値を加える
ために、工程で加工した結果を正
しく把握する必要がある

正しく把握する
必要がある

サンプリングする

母集団の姿

サンプルから
推定した
母集団の姿

工程が安定状態か否かを確認し、
対応する行動を起こすことが目的

サンプルが正しく工程の真の姿を表さ
ないことも考えて、傾向値で行動を起
こすことが重要

サンプルが正しく母集団の姿を
表しているとは限らない

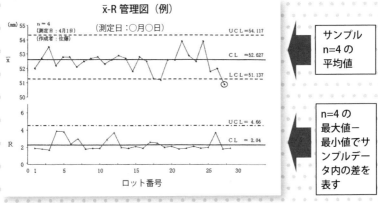

x̄-R 管理図（例）

サンプル
n=4 の
平均値

n=4 の
最大値－
最小値でサ
ンプルデー
タ内の差を
表す

Point

◆ 4Mの管理は工程の真の姿を正しく見ることであり、真の姿は母集団の推定
である。

◆ SQCなどのツールを使うことで推定が容易になるが、推定値であることを忘
れてはならない。

生産工程の力量を測る

➡ 力量とは

　力量とは意図した結果を達成するために、知識および技能を適用する能力（JIS Q 9000：2015 3.10.4「力量」参照）と定義されている。これは、品質特性における要求事項[注1]に対して人的要因の側面から達成するためにされたものであるが、対象は人的に限らず、認識できるものすべてと考えるべきである[注2,3]。生産工程の力量とは、4Mの中で人に限らず4M＋1Mの力量を対象にする。

➡ 力量を図るとは

　意図した結果を達成するため、工程という付加価値を増大させる変換装置（4M＋1M）が正しく機能しているかどうかは、前項で述べた生産工程の真の姿を正しく把握した上で行う必要がある。その実行力が力量である。力量は4M＋1Mについて図ることになる。

①投入材料や投入前工程の品質や納期管理が適切であること

②受け入れ品質を最小の品質コストで達成するために、前工程管理を見える化する。異常の情報を遅滞なく、必要十分に取得する仕組みと指導を行う

③次工程の設備管理の状態が見える化されているか。故障は予防保全か故障保全か適切に選択されているか。設備管理の保全管理者の技術は必要十分に維持されているか

④4Mのうち方法について、ルールは決められて教育訓練を行い、到達水準にあるが維持はされているか。3H＝（初めて・変更・久しぶり）投入者の技量管理

以上は一例であるが、QCDの達成には力量を図ることが必要である。

注1：要求事項：明示されている、通常暗黙知のうちに了解されている、または義務として要求されている、ニーズまたは期待（JISQ9000：2015 3.6.4参照）

注2：品質特性：要求事項（JISQ9000：2015 3.6.4）に関連する対象（同3.6. 1）に本来備わっている特性

注3：対象：認識できるもの、または考えられるものすべて。例、製品、サービス、プロセス、人、組織、資源（（JISQ9000：2015 3.6.1参照）

生産工程の力量を図る

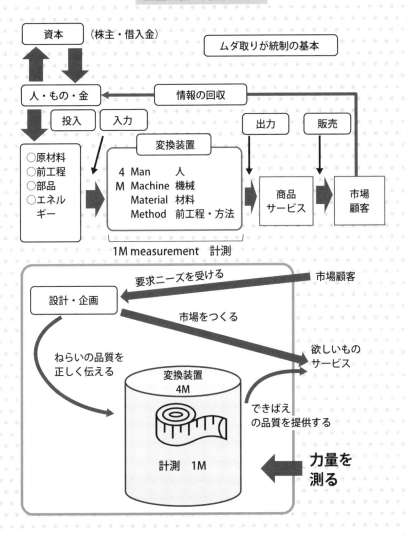

資本 （株主・借入金）

ムダ取りが統制の基本

人・もの・金 ← 情報の回収

投入　入力　出力　販売

○原材料
○前工程
○部品
○エネル
　ギー

変換装置

4　Man　　人
M　Machine　機械
　　Material　材料
　　Method　前工程・方法

1M measurement　計測

商品
サービス

市場
顧客

要求ニーズを受ける　市場顧客

設計・企画

市場をつくる

ねらいの品質を
正しく伝える

変換装置
4M

計測　1M

欲しいもの
サービス

できばえ
の品質を提供する

力量を
測る

P oint

◆ 力量は人に対するものだけではなく、4Mすべてにわたって適切化を図る。

◆ 計測自体の力量も求められる。

1-9 PQCDSMEの最適化

⇒ PQCDSMEとは

　付加価値を増大させる変換装置の4Mを統制するための項目を列挙すると、P（Productivity：生産性）、Q（Quality：品質＝品質コスト）、C（cost：価格）、D（Quality：納期）、S（Safety：安全）、M（Morale：士気）、E（Environment：環境）となる。PQCDSMEとは、その頭文字を列挙したものである。

　4Mはこれらの関連性をバランスさせなければならず、生産性のために安全性や環境対応が疎かになると、市場に受け入れられないことになってしまう。近年ではSDGs（持続可能な開発目標）が世界的な潮流となり、市場からの要求事項や期待値は、商品の付加価値が顧客の利便性だけではなく、環境負荷や労働安全性に配慮されているかが重要な期待値になってきている。

⇒ QCDからPQCDSMEへ

　良い製品をつくれば市場に受け入れられるという考え方はプロダクトアウトと言い、市場に物が不足していた時代背景があった。市場に物が十分供給されるようになると、人とは異なる物や、実用性は満たされた上で魅力的な価値を見出すようになった。市場が主導権を握っており、市場のニーズに応える考え方をマーケットインと言う。QCDの条件が市場に移行すると、製品ではなく商品を市場に提供しなければ受け入れられなくなる。たとえば商品価格は定価ではなく、メーカー希望小売価格として表示されるように、市場が決めることになる。製品から商品への移行である。

　商品には企業ブランドやイメージが付帯される。B to B（企業間取引）やB to C（消費者との取引）であっても、生産性を上げてQCDを市場が望む品質・価格で提供できなければ受け入れられず、その期待値を満足させることが肝心である。さらに、そのためには能力のある人材を採用して教育し、力量を向上させることが求められるが、SMEの社会的評価が低い企業は適材の獲得が困難となり、士気が低下すれば生産効率が計画通りには進まなくなる。PQCDSMEのバランスは必須条件である。

PQCDSMEとは

P：（Productivity）生産性＝産出量（OUTPUT）/ 投入量 INPUT）
JIS Z 8141-1238

生産性＝生産量・生産金額・付加価値 / 労働量・投入資本・設備・原材料

（例）労働生産性＝生産量 / 労働量（従業員数）

Q：（Quality）品質
　品質コスト＝品質不良予防コスト＋品質不良による失敗コスト

VE（Value Engineering）価値工学＝機能（Function/ コスト（機能に関わる総費用）

品質コストの考え方も入る

C：（Cost）原価（製造原価・仕掛在庫・製品在庫）

D：（Delivery）納期・リードタイム

S：（Safety）安全・人的安全、製品安全

M：（Morale）＝士気（motivation）動機づけ

E：（Environment）環境労働環境（ハラスメント）・地球環境←カーボンフリー
　←SDGs 持続的開発目標

Point

◆ 企業活動は生産性を向上する必要があり、QCDのねらいを定めて過不足な
　く4M＋1Mを用いて付加価値を増大させる。
◆ PQCDの正しい活動は、SMEが必要不可欠である。

➡ SDCAを回す

1-8項で説明した力量は、ルールを決める、守るがスタート位置となる。ルールの設定には、4M＋1Mの特性値が暗黙知から形式知に変換されていないと、ルールの漏れが発生する。それでも工程のQCDが順調に進捗し、大きな失敗コストの発生が予想されなければ、現状でルールをいったん固定する。

ルールを決めてルールを守る上で、ルールを統一化する。規格や良品条件からQC工程表を作成し、標準類を整備する。簡便的な方法を採ることもある。まずは、ルールを決めていろいろな方法を排除する。次にそのルールで教育し、訓練して実行する。実行内容を、要因系（工程内の良品条件の作業結果）と結果系（工程内検査や最終検査結果）で把握する。チェック結果を検討し、作業が実行しにくい、不良品が発生するなど不具合が見つかれば、対策を考えてルールの変更を行う方法も検討するとよい（4-10項に関連）。

➡ SDCAからPDCAへ移行する

PDCAサイクルは、力量の向上ツールとしては有効であるが、Plan（原因を分析し対策計画を立てる）からスタートさせるためには原因の分析が終わっていなければならない。ところが、ルールがあいまいで、4Mの中でManやMethodに変化点が検出不能な状態で織り込まれていれば、その仕分け作業が難しくなる。SDCAを回す中でルールを決めても問題が発生する、あるいはルールがノウハウ不足で決められないと判断した場合は、SDCAのCheck段階からPDCAのPlanへ移行する。

PDCAサイクルを回すことは、Pの正しさが必要条件となる。机上のレベルでPlanをスタートさせると、Check段階で効果のある対策案が出せなくなる。一方、PDCAサイクルをC→A→P→Dの順で回す方法もある。これをCAPDoと呼ぶこともあり、PDCAの欠点を補完する方法である。SDCA→PDCAは原因のつかみやすさ、ルールがないのか、ダメなのか、守らないのか（守れないルールかも含む）から分析すると手戻りが少なく済み、原因と対策が行いやすく、工程の力量を向上させることができる。

PQCDSMEとは

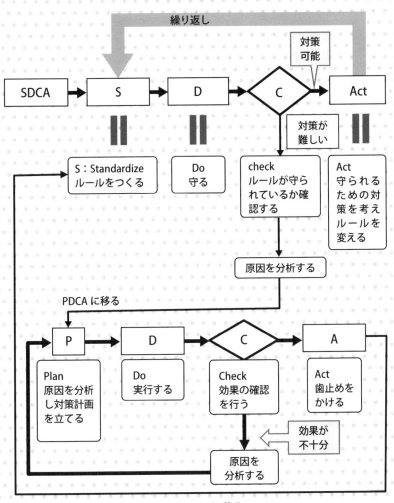

Point

◆ 工程統制力の向上にはSDCAを実行し、ノウハウが不足していると判断したらPDCAに切り替える。

◆ 守れないルールであるがゆえ初めから守らないと、原因が分析できない。

1-11 ISOと生産統制の両立を図る

➡ ISOのマネジメントシステムとは

ISOはInternational Organization for Standardization（国際標準化機構）の略称で、国際的な取引をスムーズにするために製品やサービスの規格を統一する活動である。身近には、イソネジと呼ばれるねじを購入すれば、どの国の製造品であっても製品を指定すれば使うことができるねじ規格が知られている。

ISO組織の活動として、製造やサービスの品質やレベルが顧客の要求条件を満たす活動ができるシステムを構築し、維持する機能が保証されているかを第三者が監査して認証する仕組みがある。代表的なシステムに、ISO9001（品質）やISO140001（環境）がある。顧客は仕入条件として、ISOの指定規格の認証取得企業を取引条件に指定する場合があるが、ISO規格の取得企業は第三者から見て、管理条件と検証システムがわかりやすいからである。

➡ ISOのマネジメントシステムとの両立

マネジメントシステムは維持向上させなければならないと定められており、前項で紹介したPDCAを回す仕組みの構築が求められる。仕組みには、組織の分掌分権（権限と役割）、組織の力量把握と向上、SDCAを回す仕組みの構築とPDCAでの問題解決方法の仕組みなどが求められており、トップダウンで推進していく統制性の強い仕組みづくりを構築し、第三者がその有効性がわかることや評価できることも求められている。

たとえば、製造業であればISO9001とISO14001を取得し、可能であれば、ISO45001の労働安全衛生マネジメントシステムに関する規格も取得しておけば、PQCDSMEのほとんどをカバーする基本的なシステムが構築できる。重要なのは、生産統制の維持管理は崩れやすいため、常に維持管理が可能な状態に置くことと改善を行うことである。その仕組みとしてISOをベースに置くことで、漏れなく無理なく構築と維持システムが可能となる。

➡ ISOのマネジメントシステム導入の注意点

ビジネスの必然性からISOを取得すると、身の丈に合わないISO規格の要求

事項にのみ準拠してしまい、その企業が使わない運営方法を定めてしまうことがある。ルールはツールであるから、目的を見失ってはいけない。身の丈とは、「7つのムダ」で言う作業そのもののムダと同じである。

ISOと日常管理の統制

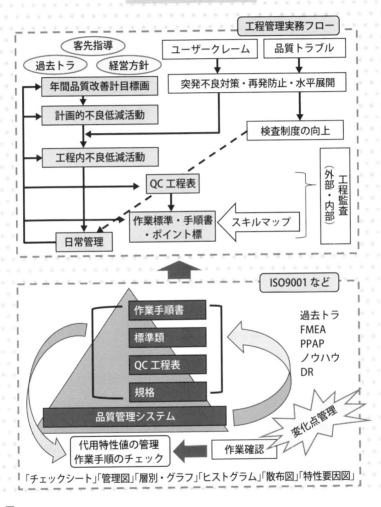

Point

◆ ISO9001やISO14001などの既存のシステムを基本部分に活用すれば、構築がムダ・ムラ・ムリなく構築できる。

◆ 不要な組織構造は無理して織り込まず、身の丈の組織構造にする。

1-12 ものづくりとサービスの統制の違い

⇒ ものづくりとサービスの違い

　ものづくりと比較して、サービスには以下に示す4つの特徴がある。1つ目は「無形性」と言われるもので、物質的な構成がないため、ねらいの品質通りにできばえの品質に転写されているのかがわからないとされる。2つ目は「同時性」で、生産と消費が同時に発生することが多いことを示したものである。ねらいの品質通りにできばえの品質に転写したかどうかは、現場でサービスを提供してわかるという。

　そして、3つ目に「異質性」であり、ねらいの品質通りにできばえの品質が転写されているのかどうかは、4Mの中でもManに依存性が高いと言われている。最後の4つ目は、サービスは在庫ができないことから「消滅性」が特徴とされる。生産と同時に消費されるため在庫のムダはないが、サービスの提供がなくても変換装置は稼働していることを示すものである。

⇒ ものづくりの統制を応用する

　ものづくりとは、主に製造業の工程とその成果物（付加価値を増大させたもの）を指す。材料を工程（付加価値を増大させるねらいの品質をできばえの品質に転写させる装置）に投入し、工程を通過するに従って加工度が増し、付加価値が増大していく。一方、サービスにおいても変換装置の結果が製造と同時に消費されるため、4Mの維持管理は自工程完結が必然となる。したがって、サービス業でも同様の仕組みで統制のポイントを検討するとよい。

　付加価値を増大させる変換装置4M（Man, Machine, Material, Method）を、ねらいの品質に従って標準化し、訓練し、力量を確認して維持することは製造業と何ら変わらない。「同時性」と「異質性」が安定的に維持されているかを、「無形性」と「消滅性」を考慮して統制することが必要となる。

　たとえば、美容業における美容師の施術は、顧客の要望によって要求条件や管理値が適宜変更される。しかし、要求条件にすべて適合させることは不可能であり、対応してはいけない。どこまで顧客の要求条件に適合し、どこからさせないかを、どの美容師がいつ対応しても同一であることを顧客がわかる管理

が求められ、製造業よりも統制が難しい。力量を測定するための1Mも定量的に行えないことから、仕組みの構築には工夫が不可欠となる。

ものづくりとサービスは消費者の期待が基本

Column 1

統制から見た管理職の資質

　部下から見て、上司がどこを見ているのかはよくわかるものである。「ヒラメ」は、上ばかり見ている上司を指す。企業活動（個人事業主も含む）は、適正な利益の追求を行い継続的な企業活動を行わなければならない。そのための組織は、企業活動の権限と責任を与えられている。その権限はステークホルダーと言われる利害関係者、株式会社であれば株主などの企業活動資金の提供者や企業活動への協力者である。

　企業活動を任された経営者は、その権限と責任を下位に移譲して組織活動を行う。トップダウン型の承認である。他方、企業活動を任されるためには、その任に耐え得る素養や経験・知識など組織からの認知承認が必要となる。ボトムアップ型の承認である。「ヒラメ」は、ボトムアップ型の承認を手っ取り早くトップダウンの承認で代替する行為であろう。

　取引銀行から転籍してきた人事・労務・経理部門の統括役員がいる企業で、生産管理の再構築計画を提案したが、その第一声は「実行したら社長の役員報酬が出なくなる」であった。そんな事態にならないように改革すべきだったが、トップ型の承認を最優先にした一言により、中間管理層であるボトムアップ型の承認が得られなくなった。その結果、総務部門の工程管理の統制も空回りし、ついにはトップダウン型の承認も失ってしまった。

　工程を統制することは権限の行使に当たるが、組織への寄与による組織からの承認が大切と改めて感じた経験であった。神輿を担ぐ人たちがバカバカしく思うようだと、重い神輿の担ぎ手は誰もいなくなるだろう。

楽だねー!!
ワッショイ!!

みこしを
かつぐの
がバカバカしく
なってきた

第2章

生産統制の仕組みづくり

2-1 仕組みで問題発生を押さえ込む

統制における問題

　人は間違いをする。付加価値を増大させる装置の構成要素は4Mであるが、Manは不安定であり（1-12項参照）、他の3Mを扱う主体となることが多い。間違いに気づかないと不良をつくり続けるムダが発生し、間違いを発見し除去できないと市場でクレームが発生し、品質コストの「失敗コスト」が多大な負荷となって企業の経営を破滅させてしまうこともある。

仕組みをつくるために考慮すべきこと

　Man（人）は、どのようなときに間違いを発生させるかを理解しておく必要がある。ルールをつくる→ルールを守らせる→改善する仕組みをつくる際に、完全な人を前提にしたルールを作成することがあり、守れないルールや、守っていても間違いが発生する原因となることがある。人が間違いを発生するポイントは、一般的に3Hと呼ばれる「初めて」「変更」「久しぶり」という3点のシチュエーションであり、考慮すべきである。

　人は間違いたいとは思わないが、それでも間違える。どこかで人の動作にエラーを発生させる要素が存在するためである。見ていても観ていないことがある。観ていても理解していないこと、理解しても解釈を間違えること、正しく解釈しても正しい行動に結びつかないことがある。それらの発生メカニズムを理解してルールを作成し、力量を訓練で高め、確認によって維持を図ることが必要となる。

　エラーと記憶の種類を使い分けて、人による問題発生を防止することは、4Mの安定化にとって重要な統制要素である。エラーは、「入力過程」→「媒介過程」→「出力過程」の各段階で発生する。エラーが発生する理由は、人の記憶力に頼る作業が関連するためである。人は、10ケタのランダムな数字を見て覚えて処理することすら難しい。こうした特性を理解して、仕組みで防止する配慮が求められる。

代表的な間違いの発生点と対策

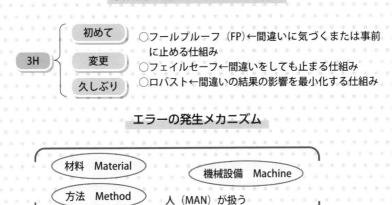

3H
- 初めて
- 変更
- 久しぶり

○フールプルーフ（FP）←間違いに気づくまたは事前に止める仕組み
○フェイルセーフ←間違いをしても止まる仕組み
○ロバスト←間違いの結果の影響を最小化する仕組み

エラーの発生メカニズム

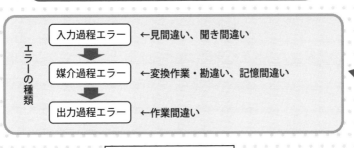

材料　Material
機械設備　Machine
方法　Method
人（MAN）が扱う

エラーの種類
- 入力過程エラー　←見間違い、聞き間違い
- 媒介過程エラー　←変換作業・勘違い、記憶間違い
- 出力過程エラー　←作業間違い

記憶は不確かな装置

記憶の種類	効果	記憶方法	適応作業
一時記憶	20秒程度くらい	瞬間的な記憶	直前の指示された通りの作業を繰り返す定常
短期記憶	2週間くらい	覚える強い意志	短サイクル 手順書による作業 治工具を併用する 作業工・屋台方式
長期記憶	固定化	重要性反復学習	多能工・屋台方式

Point

◆ 4Mの中でMan（人）は見間違い・聞き間違い・勘違いを発生させる。
◆ 常時緊張を強いる作業や記憶に頼る作業を組んではならない。作業者のミスは、仕組みのミスであると考えること。

2-2 ねらいの品質・できばえの品質を定める

➡ 統制の仕組みの決定事項を理解する

　製造業やサービス業も、ねらいの品質をできばえの品質に正しく転写し、結果を客先や市場から返してもらい修正していくことは同じである（1-12項の図参照）。ねらいの品質を定め、できばえの品質が正確にムダ・ムラ・ムリなく達成されているか測定し、そのための4Mを統制することが前提条件である。ねらいの品質をできばえの品質に置き換える仕組みの中で、工程の良品条件や管理項目が決定され、その安定の維持を目的に工程管理を統制する仕組みづくりが必要となる。

➡ ねらいの品質をできばえの品質に置き換える仕組みで重要な事項

　ねらいの品質は、企画や製品設計段階で決まることが多い。QCD要件に対していつ、誰に、どれだけ、どのように付加価値をつけて渡し、対価を得るかを定める段階である。

　その元となるものは図面・企画書・規格・市場の動向・市場クレーム経験・客先の困り事などである。たとえば、自動車に搭載されるエアバッグは、事故の発生時には確実に動作しなければならない。現在は標準装着品が多いものの、市場に登場した当初はオプショナル設定（顧客が特別にコストを支払う）が一般的であった。そのため、販売価格は高価であったが、現在は標準装備のため車両の価格競争力に影響を与える。しかし、ムリなVE（Value Engineering：価値分析）の結果、品質コストの予防コストと失敗コストのバランスが予防コストの削減だけに着目すると、必要なときに作動しない、また作動しても部品が思わぬ傷害原因となるなどで、企業の存続さえ危うくすることになる。ロバスト性をねらいの品質に織り込むことも必要である。

　次ページに示した図は、工程の管理項目と出荷品質の決定プロセスを工程準備の流れに沿って説明したものである。工程の管理項目を経験則や工程管理の都合で決定すると、工程の安定化のあるべき姿がわからないため、真の工程安定状態の維持ができず、市場からのクレームにより判明することになってしまう。そこで、以下のステップでねらいの品質を実現していく。

ねらいの品質をできばえの品質に置き換える流れ

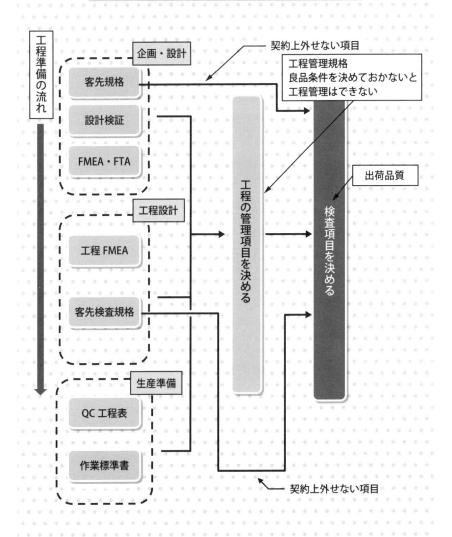

○契約上外せない項目を決定する

○設計（工程設計を含む）段階や、それらを受けて生産準備にかかる段階で極力定量的な計測の可能性に配慮する

○破壊検査や測定にコストがかかる項目は、代用特性値を検討する

○これらの手順による結果が手戻りを発生させないために、コンカレントエンジニアリング（設計企画段階で次の工程設計や生産準備、工程管理部門も入って併行的に検討する）を使う

➡ ねらいの品質をできばえの品質に置き換える組織構造

具体的な組織構造を次ページに図示するが、横軸は一般的な機能組織を示す。企業組織規模により、営業企画部門は設計部門を取り込んでいる場合や生産管理部門も兼務していることもある。プロセスの上から下に向かって時系列に進行する。実務上では横軸の機能組織を、自社のどの組織が担当するのかを決定する。その組織に機能組織の権限と責任を当てることになる。

20人規模の小規模製造業であれば、営業、設計開発、生産管理、品質保証機能を社長一人ですべて行うことも多い。工程管理者は、社長がすべて決定するため、何を管理すればよいか知らされない状態となることも多い。生産管理部門には一般的に定義される生産技術部門を含むが、生産技術や生産準備、工程設計などの部門名称を付与されることが多く、機能としては、どこで（製造国含む）、どのように（新技術の織り込み）、いつまでに（納期に対応）、費用をどこまでかけて利益をどのようにするかの生産計画全体を担当する部門である。企業規模の大小にかかわらず、以下のポイントを実行する必要がある。

○ねらいの品質としてQCDを顧客（市場）、営業企画部門、設計開発部門で決定する

○各部門横断でデザインレビューを実施し、受注の可否や問題点、解決策を検討する

○工程計画や工程設計は、商品や製品の設計段階で併行して検討を開始する

○受注の決定後に大日程・中日程計画を立案し、進捗に沿って管理する

○工程設計の完了段階までに総合的なデザインレビューを実施する

○量産試作を計画し、量産工程を前提とした工程の試行を実施し、工程能力を調査する。これをハイボリュームトライ（HVT）と言い、結果の判定を行って工程管理条件や良品条件、標準類、作業者訓練と習熟度測定を行う

○量産判定基準に達成しない項目の対策を行う

ねらいの品質をてきばえの品質に置き換える構造

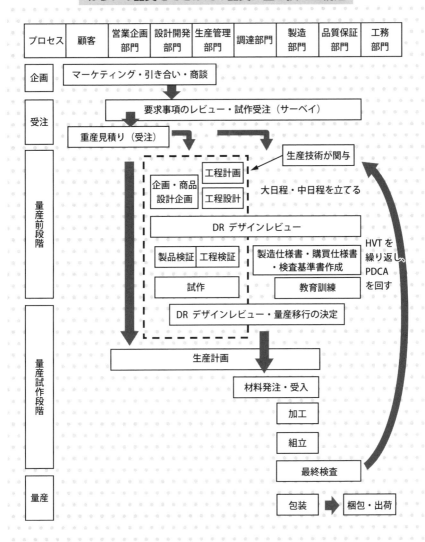

プロセス	顧客	営業企画部門	設計開発部門	生産管理部門	調達部門	製造部門	品質保証部門	工務部門

企画 — マーケティング・引き合い・商談

受注 — 要求事項のレビュー・試作受注（サーベイ）

重産見積り（受注）

量産前段階
- 生産技術が関与
- 企画・商品設計企画 / 工程計画 / 工程設計
- 大日程・中日程を立てる
- DR デザインレビュー
- 製品検証 / 工程検証 / 製造仕様書・購買仕様書・検査基準書作成
- 試作 / 教育訓練
- DR デザインレビュー・量産移行の決定

HVTを繰り返し、PDCAを回す

量産試作段階
- 生産計画
- 材料発注・受入
- 加工
- 組立
- 最終検査

量産
- 包装 → 梱包・出荷

Point

◆ 工程の管理項目は工程の安定の維持継続をするためのものである。

◆ 管理項目は、測定可能性と検証可能性を検討すること。

◆ 出荷品質には、市場や顧客との契約上外せない項目がある。

2-3 PQCDSMEのバランスの考慮

⇒ ねらいの品質・できばえの品質を定めて支える仕組み

1-9項で説明したPQCDSMEは、生産管理の基本管理項目であるが、これらを確実に実行するためには構築する仕組みが必要となる。前項では、引き合いから量産立ち上げの間の構築方法を概説した。

ねらいが間違っていれば、正しく転写できたとしても付加価値を増大させる4M装置は構築できない。さらに、ねらいの品質とできばえの品質を計画し、維持管理するための支援する仕組みが必要となる。PQCDSMEは、そのための仕組みを構築するための欠くべからざる項目であり、この支援の仕組みを構築しなければならない。

⇒ 生産計画と生産統制の相互連階

PQCDSMEは、生産計画段階で「ねらいの品質・できばえの品質を定める」ことを決定する。その段階後、量産開始および繰り返し生産に移行していく。量産開始後は、工程の維持と安定化を実行するために生産統制を行う。生産計画段階では生産統制移行後、何をどのようにどこが管理するかを決定しておく必要がある。それらが生産統制段階に移行後、機能組織としてPQCDSMEの生産管理の基本管理項目を受け持つことになる。

生産計画が生産統制に、必要かつ十分にムダ・ムラ・ムリなく引き継がれる必要がある。前ページの図に示したが、DR（デザインレビュー）やHVT（ハイボリュームトライ）を繰り返し実施し、管理項目や条件の漏れがないようにすべきである。

生産統制には、①進捗管理＝工程に材料を投入して通過・出荷させる、②余力管理＝進捗させるためにかかる工数の確保、③現品管理＝材料や仕掛品、製品の状態がどのようになっているかを把握・維持し、結果を必要部署に返すなどの直接的な管理と、品質の状態を維持・補正・改善する管理や設備の機能の維持・向上を行う支援管理がある。支援管理は管理自体が目的ではない。

PQCDSME の管理

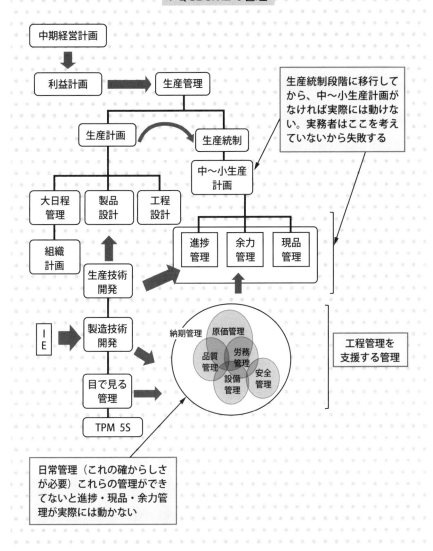

生産統制段階に移行してから、中〜小生産計画がなければ実際には動けない。実務者はここを考えていないから失敗する

工程管理を支援する管理

日常管理（これの確からしさが必要）これらの管理ができてないと進捗・現品・余力管理が実際には動かない

中期経営計画

利益計画 → 生産管理

生産計画 → 生産統制

中〜小生産計画

大日程管理　製品設計　工程設計

組織計画

生産技術開発

製造技術開発

IE

目で見る管理

TPM 5S

進捗管理　余力管理　現品管理

納期管理　原価管理　品質管理　労務管理　設備管理　安全管理

Point

◆ ねらいの品質・できばえの品質と生産計画と生産統制は関連している。
◆ 進捗・余力・現品管理と品質・設備・安全・原価管理とは目的が異なる。
◆ 量産工程の安定化を計画段階から織り込んでおく。

自工程完結活動にする

➡ 自工程完結活動の必要性

　自工程で不良をつくり込まない、つくり続けないためには自工程で不良品を受け取らない、次工程に不良品を流さない仕組みをつくることである。その仕組みや、作業の異常が作業者自身で見てわかるようにする仕掛けが「見える化」活動である。

　不良品が後工程に流れると、後工程で発見されるか、市場で発見された最悪の場合ではすでに大量の不良品をつくってしまっており、手直しや破棄することになる。いったん納入した製品の差し替えが行われ、納期が守れないことになる。手直しや破棄品のコストがムダに浪費される。そのため、ねらいの品質で定めたQCDすべてが達成できないことになる。

　後工程検査を厳重にすることは、後工程に不良品を流さないことの意義はあるものの、作業後の検査は選別工程と同義であり、つくり終わった製品の手直しや破棄のムダ、納期遅延、コスト上昇からは逃れることができない。最適な工程は不良をつくり込まない、つくり続けないことである。

➡ 自工程完結活動の良品条件とは

　自工程完結活動では、どうしたら不良品をつくらない、100%良品にできるかを追求することが命題である。そのために「良品条件」を設定することになるが、良品条件には自工程の良品条件に後工程の良品条件も織り込むことで、全体としてQCDが最適化されるのであれば自工程に織り込むとよい。

　良品条件の通りに作業を行うことで、ねらい通りの作業ができているかと作業を気遣うことがないようにすべきである。作業完了後に、作業の完結性を確認する工程内検査も不要にすべきである。このような作業条件を良品条件として設定すれば、自信を持って後工程に良品を送り出せる。ただし、最小限の確認としてクオリティゲートを設けることは検討しても構わないが、検査で付加価値は増大しないという原則は常に意識し、検査を廃止できないかの工夫を重ねるべきである。そのために、生産計画段階でDR（デザインレビュー）やコンカレントエンジニアリングで設計段階から工夫を織り込むことである。

自工程完結活動

自工程完結活動にする

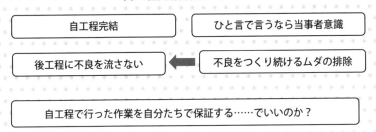

| 自工程完結 | ひと言で言うなら当事者意識 |

| 後工程に不良を流さない | ← | 不良をつくり続けるムダの排除 |

| 自工程で行った作業を自分たちで保証する……でいいのか？ |

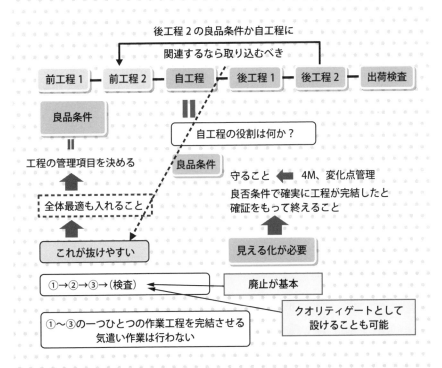

後工程2の良品条件か自工程に
関連するなら取り込むべき

前工程1 — 前工程2 — 自工程 — 後工程1 — 後工程2 — 出荷検査

良品条件

＝

工程の管理項目を決める

自工程の役割は何か？

良品条件

守ること ← 4M、変化点管理
良否条件で確実に工程が完結したと
確証をもって終えること

全体最適も入れること

これが抜けやすい

見える化が必要

①→②→③→（検査） ← 廃止が基本

クオリティゲートとして
設けることも可能

①〜③の一つひとつの作業工程を完結させる
気遣い作業は行わない

➡ 良品条件を決める方法

　良品条件は自工程の都合だけで決めるのではなく、工程の管理目標を決定する過程で決めることが多い（2-2項参照）。工程の管理項目は、製品の品質特性についてはねらいの品質を踏まえて項目と測定可能性から決定する。1-5項および1-2項とも関連するが、4M（工程で付加価値を増大させる装置）が工程の付加装置であるから、その安定と維持状態に関する特性項目を決定して、保証する必要がある。極力測定可能性を求めることが管理運用面で好ましいが、言語情報に頼ってもよい。

　測定結果からばらつきの範囲が決められ、品質特性の限界値や規格値に十分安定的に入っているかを繰り返し確認する。これらは、SQC（Statistical Quality Control：統計的品質管理）と呼ばれる手法を活用して決定される。

　ほかにも品質特性を満たし、かつVEを織り込み作業性も考慮して、作業手順や治工具を調整する。さらに、気遣い作業や誤組み付けなどを発生させない作業条件にした方がよい。

➡ 自工程完結活動の支援ツール

　4Mが正しく機能しているかを、工程の作業者や管理者自らが確認できるために、「見える化」が求められている。目で見る管理は、他工場の人が見ても異常がわかる仕組みにすべきである。5S活動と同様に、美化運動ではない。異常の発見を容易化するための目的を理解して取り組みたい。以下の活動は自工程完結を支援するツールである。

　○3H：「初めて」「変更」「久しぶり」の頭文字をとった活動である。これらは大きな変化点が発生する場合を示すため、この要素が工程に発生したときには関係者に周知できる「見える化」、たとえばかんばん表示やバッジをつけるなどを行う

　○3直管理：直線、直角、垂直に配置されていること

　○5S：1-5項で紹介した整理・整頓・清潔・清掃・躾けのことで、目で見る管理の基本事項である

　○TPM：全員参加の生産保全（Total Productive Maintenance：公益社団法人日本プラントメンテナンス協会の登録商標）である。設備保全から始まった活動だが、現在では総合的な設備管理マネジメントとして活動が実施されている

自工程完結活動のまとめ

自工程完結 ＝「品質を工程でつくり込む」とは「後工程はお客様」の考え方で、各自の仕事に責任を持ちアウトプットを保証すること

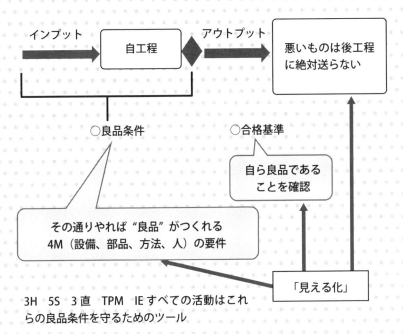

3H 5S 3直 TPM IE すべての活動はこれらの良品条件を守るためのツール

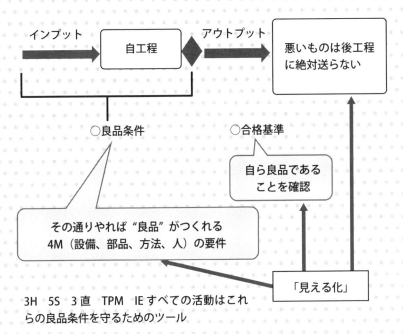

P oint

◆ 全体最適を検討し、良品条件を定める。

◆ 後工程はお客様として、良品だけを送るためにはどのように工程管理を行うか工夫すること。

➡ 良品条件とは

良品条件の通りに作業を行うことで、ねらい通りに作業ができているかどうか気遣うことがないようにし、自工程完結作業の工程管理として検討すべき工程管理項目である。良品条件の設定目的を正しく把握することが求められる。

➡ 良品条件と自工程完結作業との関係

次ページの図は、ペットボトルにキャップを正しく装着する工程事例(説明上極端化した)を示した。前提条件は手作業組付で、以下に詳細を示す。

○ねらいの品質:商品の内容物が液漏れしないこと。購入者がキャップを取り外すときにムリなくキャップを回せる

○品質特性:キャップをボトル本体の雄ねじに垂直に取り付け、キャップの締め付けトルクはX N・m(ニュートンメーター)で締め付ける

○品質特性の問題点:キャップの締め付けトルクはトルクテスターで測定するが、破壊試験に相当するため抜き取り検査法しか使えない。品質代用特性を採用することとする

○品質代用特性:キャップを閉めたときにキャップとボトル隙間0.3mm以下で緩みなきこと

品質代用特性の問題点として、手作業でキャップを組み付けるため、隙間は全数測定となる。測定はシックネスゲージ(隙間測定ゲージ)を使用して目視で判定することになる。見逃しや測定誤差が大きく、隙間0.3mm以下の代用特性規格では締め過ぎが判定できない。そこで次ページ下図のように、良品条件を設定してキャップを垂直に装着してからいったん逆回転に半回転した後、正回転の回転数で締め付ける条件設定を行う。品質特性に対して、良品条件がどこまでばらつくと品質特性の管理値を超えて不良が発生するか、データを取得して成立条件を設定しなければならないが、垂直保持治具を整備して作業者の教育訓練と習熟確認を行った後に、工程に入ることとなる。

設定後にやりにくい作業がないか、品質特性の管理値に対して抜き取り検査法で品質特性を確認し、不良品が発生させていないかを定期的に確認する。

良品条件の考え方

ペットボトルにキャップを取り付ける作業

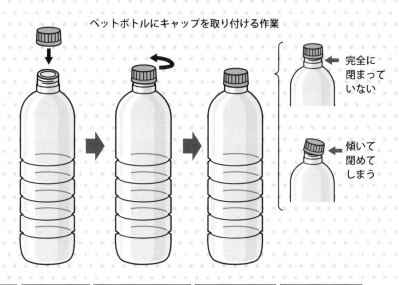

完全に
閉まって
いない

傾いて
閉めて
しまう

従来工程	垂直に取り付ける感・コツが必要 ↑ 気違い作業	キャップを最後まで閉める ↑ 完全に閉まっているか	○キャップと本体と隙間を測る ○キャップの傾きを測る ○締め付けトルクを測定する	作業者による結果のばらツきが発生する 工程検査が必要となる
良品条件設定工程	本体は作業台に固定 キャップは親指、人差し指でつまむ キャップを右回転する前にいったん左へ半回した後に右に回転する	 キャップは4回転する キャップの文字が水平に見える位置から4回転	キャップが4回転できない場合には作業を止め、異常ボタンを押して待つ	作業者の訓練と力量管理が必要 工程開始と終了時に正しく行われた確からしさも確認が必要

➡ 良品条件の改善の必要性

　工程の管理は、常に見直しが必要である。決定された品質特性値、管理値、管理方法を不変と考えてはならない。たとえば4Mの項目の中で、方法について治工具を工夫することで誤組み付けが発生しない、製品設計の変更で誤組み付けが発生しない形状に変更された後も、管理項目として削除されないことはムダである。管理することが仕事と勘違いしてはならない。付加価値を増大させることが仕事である。

　管理は、付加価値を安定的に増大させるためのツールに過ぎない。管理項目は低減させ、より簡便的な方法に切り替えていくことを常に検討すべきである。「カイゼン」は、ねらいの品質を理解した上で、できばえの品質に正しく置き換えることができれば管理はミニマイズすることが正しい。

➡ 良品条件の改善の注意点

　良品条件の通りに作業を行うことで、不良品の発生もなく気遣い作業もないなら、作業完了後に、作業の完結性を確認する工程内検査も不要にすべきである。このような作業条件を良品条件として設定すれば、自信を持って後工程に良品を送り出せる。ただし、2-4項「自工程完結活動の良品条件とは」を忘れてはならない。

　次ページの図では、良品条件は徹底的に守る、守らせることを強調している。SDCA（Standardize（標準化）→Do（実行）→Check（検証）→Act（是正処置））の実行が活動の基本であることを説いている。ルールが守りにくいからと言って、守らせる前に変更してしまうことはカイゼンに結びつかない。そこで、統制力を発揮するのである。

　また、製品設計は聖域ではない。SDCAを行って問題解決が必要となり、PDCAに移行した結果、製品設計の問題であると判定されたのであれば、検証データをつけて設計変更を申し入れるべきである。設計変更は大変化点を発生させ、変更コストも大きくなり、2次災害的な品質問題発生の危険性が大きく躊躇しがちである。しかし、品質管理特性が工程の維持管理では解決できない場合は、工程内不良や最終検査で選別作業が発生し、品質コストが増加してしまうからためらってはいけない。

良品条件改善活動

> 良品の条件を定める＝良品を後工程に進めるための次工程の条件

徹底的に標準作業を守る。そして不具合が発生したら、その発生原因となるやりにくい作業や生産設備、工法に対する改善を行う。Action 1 は Action 2 で対応できなかった問題に対して、製品図面を変更し、設計要件を改善する。変更された設計要件、生技要件、製造要件に基づいて作業要領書を改訂し、また Action 2 として、徹底的に作業標準を守るという循環が形づくられる

2 つの活動は、作業者が自信を持って"良し"と判断でき、不良が生産されない工程を目指して、常に設計、生技、製造の 3 要件を改善していく取り組みであると言える

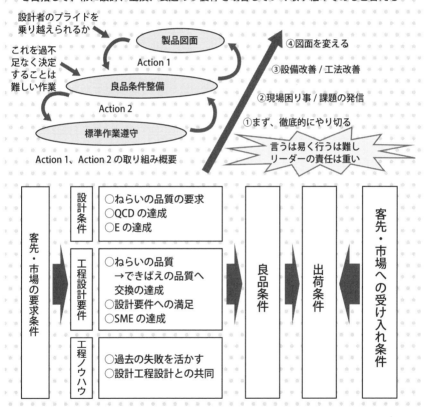

Action 1、Action 2 の取り組み概要

P oint

◆ 良品条件は徹底して守ることから始める。

◆ 製品設計上の問題を放置しないこと。変更が必要であれば、実施することが
工程を安定させる。

2-6 生産統制はどこを 統制すべきか

➡ 統制の仕組みの確認

　1-12項で紹介した図の中で、ねらいの品質をできばえの品質にムダ・ムラ・ムリなく転写し、付加価値を増大させる装置として4Mがあり、その管理を統制することが必要であることを説いた。さらに2-3項において、要求レベルによって工程管理を直接的に行う管理とその支援管理が、工程管理の目的から区分して使い分けることの必要性にも触れた。それらの管理は仕組みや組織であり、統制はそれらの仕組みを機能させる取り組みと行動と言える。

　前項ではSDCAを徹底的に守らせる重要性について、ルールをつくって実行してみないと問題点が発見できず、「カイゼン」の糸口が見出せないためとしたが、いくらルールを作成しても実行されなければ、や欠点が理解されない。その状態で品質不良が発見されると、ルールの上にさらにルールをつくりかねない。品質管理の例で、データを大量に採取する品質管理者を見かけるが、何のためにデータをとっているのか理解不足で取得しても、改善行動が起こせないならまったくのムダとなる。

　管理の仕組みが必要だとして設定するなら、それを活用する行動がなければならない。行動しなければ管理の仕組みは不要であるばかりか、企業の利益にとっても、そのために高コストとなった製品やサービスを購入しなければならない市場や顧客は、支払い対価に見合う付加価値を入手できないことになる。

➡ 統制における生産計画の役割

　生産計画は、生産管理の準備段階として存在し運用されるが、工程管理に移行後統制を実行する場合にも必要となる。生産準備段階では、ねらいの品質をできばえの品質に転写する作業としての役割が大きく占めたが、統制する段階では進捗管理・余力管理・現品管理は中短期の生産計画がないと、行き当たりばったりで進捗管理が実行され、連鎖的に余力管理に過負荷・余剰などが発生する。大量に工程内に仕掛品が滞留すると現品管理が困難となり、その結果、現品管理への工数投入量が増材するか先入れ先出しが混乱する。

　中短期的には余力管理に限界があり、生産計画は指示納期と投入材料手配の

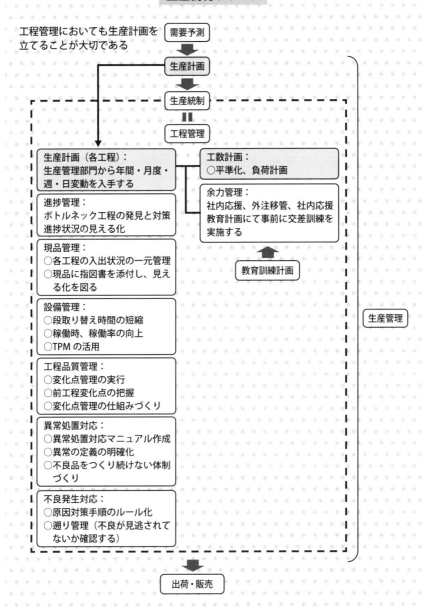

生産統制ポイント

工程管理においても生産計画を立てることが大切である

需要予測

↓

生産計画

↓

生産統制
＝
工程管理

生産計画（各工程）：
生産管理部門から年間・月度・週・日変動を入手する

進捗管理：
ボトルネック工程の発見と対策
進捗状況の見える化

現品管理：
○各工程の入出状況の一元管理
○現品に指図書を添付し、見える化を図る

設備管理：
○段取り替え時間の短縮
○稼働時、稼働率の向上
○TPM の活用

工程品質管理：
○変化点管理の実行
○前工程変化点の把握
○変化点管理の仕組みづくり

異常処置対応：
○異常処置対応マニュアル作成
○異常の定義の明確化
○不良品をつくり続けない体制づくり

不良発生対応：
○原因対策手順のルール化
○遡り管理（不良が見逃されてないか確認する）

工数計画：
○平準化、負荷計画

余力管理：
社内応援、外注移管、社内応援
教育計画にて事前に交差訓練を実施する

↑

教育訓練計画

生産管理

↓

出荷・販売

リードタイムを勘案しながら、極力平準化して実行する。場合によっては、発注元に納期や生産量の遅延や減数交渉をしておく。

　前ページに、需要予測から導き出した生産計画をもとに、工程管理者が自工程の生産計画を立案して統制をかける構図を図示した。これらも含めて広義の生産管理と呼ぶが、図の破線内が工程の統制を実施するポイントになる。

　統制とは、工程従事者にムダ・ムラ・ムリだけでは済まず、これに「ムチャ」の1ムを入れて4ムを強いることではない。4ムの発生は、統制の失敗と理解すべきである。図の中に教育訓練計画を記載しているが、生産計画と余力管理を実行するには、負荷の増減に応じて人員移動を実施する目的で、他部署からの受け入れや他部署への送り出しを普段から交差訓練しておく。

➡ 統制の組織化と構成要件

　組織によって効率良く統制を運営していく方法が必要である。「船頭多くして船山に登る」の例えのように、統制力は工程管理が進捗管理・余力管理・現品管理を直接的に行うのが目的で、組織横断の情報の共有化が必須となる。

　統制は資材調達から始まる。調達リードタイムと、必要出荷量に見合う進捗管理と余力管理がバランスすることが求められる。一般的には、資材調達は近年の海外調達比率の増大に伴って、国際情勢も勘案した想定が入ってくる。このとき、受注状況と材料投入のタイミングと量を調整する。

　また、各工程の既投入品の進捗状況と、工程の余力状況の共有化と工程間の余力配分を適切に実施する。各工程や段階から上がってくる情報を、全体最適と短期納入指示品や品質管理の失敗による手直しや再投入、再出荷対応の短納期品の処置など変動要素を振り分け、指示を出すことが求められる。

　工程間の情報の共有化は、共通のプラットフォームを作成する。たとえば次ページの図に示したように、事例を挙げている各部門をまたぐ生産会議などで決定することも検討すべきである。情報の共有化や判断と決定と行動指示の事例として、以下の事項について確認する。

　①工程の所要工数の増加への対策（残業対応、休日出勤か）
　②自部門や他部門、他社（派遣専門会社など）からの応援の受け入れ（普段から交差訓練が望ましい）
　③設備の増強（一時的、恒久的。ただし変化点管理は必要）
　④設備速度アップ（タクトタイムの短縮、設備の回転速度のアップ）
　⑤緊急調達（外部委託先の確保と同業者からの調達）

統制の組織化

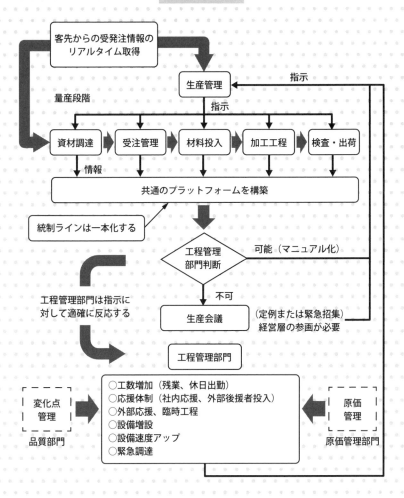

Point

◆ 統制とは、工程従事者にムダ・ムラ・ムリでは済まず、これに「ムチャ」の1ムを入れて4ムを強いることではない。

◆ 工程管理は進捗管理・余力管理・現品管理が上位概念で、その他の管理はそのためのツールであることから目的と手段を明確にする。

2-7 ムダ取りと7つのムダ を活用する

ムダ取りの必要性

　工程は、ねらいの品質をできばえの品質に、4Mを使い付加価値を増大させて転写する装置である。変換効率は100％を狙いたいが、そこにはロスが発生する。これをムダと言う。

　1-1項で取り上げた「企業活動とQCDの関連フロー図」の中でも説明したが、製造原価構成にムダが入ると利益が減少する。ムダ取りは「見える化」を行い、現場力を向上しながら実施するが、見える化が行いにくいため「7つのムダ」の切り口で検討することが有効である。

7つのムダとは

　「トヨタ生産方式」は、製造工程の徹底的なムダの排除を行って合理的な生産方式を達成し、これがTPS（Toyota Production System）として知られている。徹底的なムダの排除を発見する切り口として、「飾って豆腐」の語呂合わせで知られる7つのムダがある。

　①加工のムダ「か」

　不要な工程や作業である。従来の加工方法が本当に合理的かを再検討すると、2工程が1工程で可能となるなど、付加価値を増大させるためにより少ない工数で達成できないかと検討することである。加工のムダを発見する方法として、ECRS（内需化の語呂合わせで覚えよう。下記の太字で表した）が求められている（下記は概要を示す。詳細は6-7項で説明）。

　○E（Eliminate：なくせないか）：作業や動作そのものを排除できないかと考える←**な**くせないかの検討

　○C（Combine：結合と分離）：類似の作業をまとめる。必要工具をひとまとめにして持ち替えや探す動作をなくす。逆に分離してムリな動作をなくす←**い**っしょにする

　○R（Rearrange：入れ替えと代替）：作業順序や場所、作業者の入れ替えや変更を計画してみる←**じゅ**んばんの入れ替え

　○S（Simplify：簡素化）：作業分析を行って、動作を単純化できないか、あ

るべき姿を描くなどの工夫をする←かんたんに

②在庫のムダ「ざ」

「在庫は悪」として排除すべきムダである。投下資本が塩漬け状態に置かれ、その間に劣化や紛失する。在庫の入れ替え運搬作業が発生するなど、弊害を以下に示す。

○倉庫・保管場所の費用、管理費用が発生する

○品質管理において重要管理である先入れ先出しに作業負荷が生じる

○設計変更などで破棄品が増加する

○不良の発見が遅れ、不良をつくり続けるムダにつながる

③つくりすぎのムダ「つ」

工程の工数に余力があるからと、余力を使い切るような生産を行うことは、在庫のムダの原因となる。「在庫は悪」とするなら悪の原因でもあるため、最も悪と言える。工程管理者は、つくりすぎのムダは「善」と認識している場合が多く、次ロットで必ず使う、毎月平均的に流動する仕掛品を手の空いたときに余力で生産する「悪」がまったく理解できないことが多い。統制が混乱する要因ともなる。

④手待ちのムダ「て」

装置に半製品を加工に入れたら、出てくるまで待っているというわかりやすいムダであるが、右手が仕事をしているときに左手が何もしていないレベルまで突き詰める必要がある。5工程のインライン作業の事例で、第3工程がボトルネックで加工品が滞留するため、第1工程者がタクトを勝手に下げて溜まらないようにした見えにくい手待ちのムダもあり、生産量の時間当たり管理で防止することや目で見る管理の導入で、わかりやすくすることが不可欠である。

⑤動作のムダ「と」

付加価値の増大が工程の目的であることから、動作のムダは手待ちのムダと合わせて排除しなければならない。このムダは、生産計画段階での確認不足によるか、SDCAが守られていない場合に発生する。「④の手待ちのムダ」は、作業者の負担が低減方向になるが、動作のムダは作業者を疲弊させる。ムダな動作はタクトタイムの短縮を阻害し、生産性を低下させ、疲弊した作業者の集中力を低下させて品質不良を内在させる。作業者が自覚していることが多く、発見は工程現場の現地で、現物で現認する三現主義で解決すべきである。このとき、IE（Industrial Engineering：生産工学）の活用も検討すべきである。

⑥運搬のムダ「う」

移動中の仕掛品や製品、投入前の在庫を運搬することは、在庫と同じく倉庫状態である。しかも、人が運搬していれば作業者の工数も使用しているため、「在庫は悪」とするなら同様に「悪」である。運搬前に台車に積む、運搬後に台車から降ろす作業も含まれる。

⑦不良品をつくるムダ「ふ」

工程において付加価値を増大させ、それが不良と判定されて破棄される、または手直しに戻されることは、QCDが最も崩れるムダである。直行率（1－不良率）を100%に近づける活動が必要である。品質コスト上で不良率0%は予防コストが過大となり、総品質コストの負担に原価が耐えられなくなるため、不良率は経営的な許容範囲を判断して決定する必要がある。

工程管理と統制上から見た7つのムダを列挙したが、背反する条件を考慮することが求められる。

7つのムダと背反する条件

7つのムダを徹底すると、工程の統制力は増大するが、一方で、以下の問題が発生する可能性がある。

①新規性の高い製品の受け入れに工程管理部門が消極的になる

新規開発商品は、量産立ち上げ時にトラブルが発生することが多く、生産計画段階でDRやFMEA（故障モード影響解析）で想定しても必ずしも成功するとは限らない。また、立ち上げ時の混乱を嫌うあまり、新製品を避ける傾向が発生する。企業にとっては将来性を損なう工程管理となる。

②強みが固有の部門や人員に偏る

コアコンピタンス（競合他社を寄せつけない自社の強みの源泉）やコンピテンシー（専門知識や技術、ノウハウ、基礎能力、いわゆるできる社員）が一部の部門や社員の専門技術となり、自分たちで自身の工程を考える、工夫する現場力が低下する。

③ムダが本当にムダか検証が必要

一見ムダに見えるが、実は過去のトラブルシューティングの結果のクオリティゲートだった場合に、安易な廃止は品質問題を発生させる。2-4項で良品条件を決める際に当事者意識と全体最適の必要性を挙げたが、この観点が抜け落ちた場合にムダと判断される場合がある。その結果、前後工程の負荷の増加やQCDの運営上の悪化を招く事態は避けなければならない。

7つのムダ

ムダの種類	内容
①つくりすぎのムダ	その時点で必要のないものを余分につくること
②手待ちのムダ	前工程からの部品や材料を待って仕事ができないこと
③運搬のムダ	ものの必要以上の移動、仮置き、積み替えなどのこと
④加工そのもののムダ	従来からのやり方の継続といって、本当に必要かどうか検討せず、本来必要のない工程や作業を行うこと
⑤在庫のムダ	完成品、部品、材科が倉庫など保管され、すぐに使用されていないこと
⑥動作のムダ	探す、しゃがむ、持ち変える、調べるなど不必要な動きのこと
⑦不良をつくるムダ	不良品を廃棄、手直し、つくり直しすること

Point

◆ ムダ取りは7つのムダを切り口に検討する。

◆ ムダ取りの背反性に考慮する。

◆ 変化点をつくることになるため、変化点管理は必須である。

2-8　IE・DXを活用する

➡ IEとDXの関係

　IEは4Mの流れや動作、配置を分析し、効率的な工程を組むための手法である。DX（Digital Transformation）は、ITの活用で生産や生活の質を向上させる仕組みを言う。近年、企業ではIoTの導入を急いでいるが、DXはそれらの上位概念としてとらえられている。

　IEを必ずしも絡ませる必要はないが、IEを利用して4Mの構造を精査し、ムダを極力排除した後にDX化を実行する。工程からITを利用して情報を取り出し、生産の質を向上させるシステムを構築するために、何をどのようにしたいのか目的と選ぶべき手段がわかっていないと、徒労に終わるどころか生産の効率化に逆行することになりかねない。DX化の前に、工程の仕組みを最適化しておかなければならないのである。

　IEは大きく分けて「方法研究」「作業測定」がある。現状把握に活用すると、7つのムダがどこにどのように存在しているのかが理解しやすくなる。

　たとえば、作業中の動作を観察し、右手が部品を取りにいくときに、左手の動きが止まっている。右手で部品を取り、左手に持ち替えて治工具に装着するなど「作業そのもののムダ」や「手待ちのムダ」が内在していても、一見するとわかりにくい。これらを要素別に分けて観察するとムダが見えてくる。

　また、台車に仕掛品を積み込むときに、まとめ作業を行い積み込んで、運搬後に荷姿を開梱して作業台に積み替える作業は、「運搬活性分析」を実施すれば楽に早く間違いなく運搬する方法が理解できる。次ページの上図は、そのようにして7つのムダを排除した事例を示す。たとえば、締め付け工具を目で追ってつかむこと自体が目に動作のムダをさせていて、目の動く時間がムダとわかる。終日目を忙しく動かす作業は、累積すればムダ時間として大きく、作業者も疲れることで作業効率が低下する。

➡ DXの概要

　DXを工程のIT化やIoT化ととらえると、手段が目的化する。DXは経営がコミットメント（責任を持つ）する経営全般の最適化であり、経営目的が明確

68

IEの体系

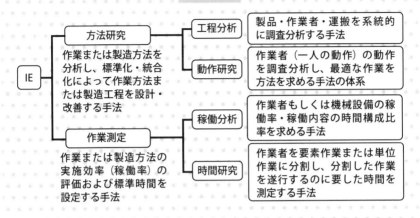

IE		
方法研究 作業または製造方法を分析し、標準化・統合化によって作業方法または製造工程を設計・改善する手法	**工程分析**	製品・作業者・運搬を系統的に調査分析する手法
	動作研究	作業者（一人の動作）の動作を調査分析し、最適な作業を方法を求める手法の体系
作業測定 作業または製造方法の実施効率（稼働率）の評価および標準時間を設定する手法	**稼働分析**	作業者もしくは機械設備の稼働率・稼働内容の時間構成比率を求める手法
	時間研究	作業者を要素作業または単位作業に分割し、分割した作業を遂行するのに要した時間を測定する手法

IEの具体的な分析項目と使い方

	具体的な分析	使い方
工程分析	単純工程分析	製品別レイアウトの基礎資料に使う
	製品工程分析	生産対象のものを分析
	作業者工程分析	生産対象の人を分析
	多品種工程分析	加工経路の検討、グループ化に使う
	フロムツーチャート	多品種少量生産の配置計画に使う
	運搬分析	運搬状況の把握
	運搬活性分析	運搬時に4つの手間の発生を見つける
	空運搬分析	運ばない運搬を見つける
動作研究	連合作業分析	人と機械の組合せ作業を分析してムダを改善
	サーブリック分析	動作経済の原則に従ってムダを改善
	両手動作分析	動作レベルでムダを改善
	VTR分析	人と機械の連合した動きを分解して改善
稼働分析	ワークサンプリング	繰り返し作業に使用
	連続観測法	工程サイクルタイムの長いものに使用
	稼働率	機械の稼働率を分析して改善する
時間研究	ストップウオッチ法	測定に手間がかかる。サンプリングの偏りでデータが発生する
	実績見積り法	間接法とも言われ、勘弁であるが経験値が必要となる
	経験的見積り法	WF法とはWork Factor analysisの略。要素作業を分析する方法。作業の動作時間を決める4つの要因の区分からスタートする (1) 身体の各部位 (2) 運動距離 (3) 重量または抵抗 (4) 人為的な調節（停止、注意、方向の調節、方向の変更）
	標準時間資料法	MTM法とはMethod Time Measurement。WF法での4要因をさらに10の基本動作に区分して分析を進めていく
	WF法	(1)手をのばす (R) (2)運ぶ (M) (3)まわす (T) (4)押す (AP) (5)つかむ (G) (6)定置する (P) (7)放す (PL) (8)引き離す (D) (9)目の移動
	MTM法	(ET) (10)目の焦点合わせ (EF) WF法と同じく、対象の作業を要素作業まで区分し、さらに動作まで分類していく

になっていないと間違った投資をしてしまう。ボタンを押せば見たいデータが出てくることも必要だが、利益の継続的源泉として工程があるから、そのためには工程はどうあるべきかが明確になっていることが欠かせない。

　次ページは、近年の海外調達先を含めた複雑で長大になりがちなSCMを、最小コストで最大のアウトプットを得るためにIoTを利用して構築した事例であるが、既存のSCMをIoTでリアルタイムに連携してモノと情報を統合して運用することは必須である。DXは、その体系の質的変化を経営がコミットメントして、どうしたいのかを企業風土や組織構造、工程のあり方も含めて再構築しなければならない。

　DXを導入する手順としては、大別して2通りある。

　①業務を整理し、ムダを低減した上で導入する（IEの活用）

　ただしDXの構築には、フルまたはセミオーダーのプログラム開発が必要となる。

　②パッケージソフトやシステムを導入、または一部修正し、業務体系をパッケージソフトに合わせて変革する

　一般的に規模の大きな企業は①を採用する傾向にある。①②とも、すべての工程と支援組織をDX内に取り込むことは、組織の硬直化を招きかねない。

➡ DXの活用方法

　次ページのSCMにおいて、グローバル展開する工程管理を統制するために、物と情報をセットで取り扱う必要があることから有効性は高い。IEを活用して工程のムダ・ムラ・ムリを減少させ効果の確認や異常の発見および原因分析をするのに有効である。SCM全体を管理下に置いてどこにどのように統制をかけるかを明確にし、さらに強化する必要がある場合もタイミングを逃さず実行できる。費用対策効果を検討して主要な工程から順次、全体の姿を描いて導入すると活用しやすくなる。

Point

◆ IEは7つのムダを発見し、解決する方策の糸口を見つけるツールである。

◆ DX（IT化/IoT化）で、ムダをデジタル化してシステムに取り込まないためにIEを活用する。

◆ DXは、ボタン一つで工程の問題が解決するツールではない。経営目的に沿った総合的なデジタル変革の機会と考える。

SCMと工程管理

SCM＝Supply Chain Management ←ものと情報の流れの全体最適化

```
                    客先販売・営業

              客先製造工場  ┌ POP ┐      国内・海外材料メーカー

客先部品支給

国内・海外製造会社    当該製造     自社海外     海外ローカルメ
または商社          工場        製造工場     ーカー製造工場

                                    材料・部品支給

                    材料・部品支給
```

IoT（Internet of Things）
POP（Point of Production）

```
              POP ┐                          ┌ 管理用
                  └───── サーバー ──────┤
                                          └ 管理部門用

工程 ----- 工程 ----- 工程 -----

         ──────────  端末

              設備  センサー  IC リーダー  バーコードリーダー
```

IEの実施事例

生産目標と進捗が
わかる

異常停止がわかる

生産目標数 ○○
生産数 ○○○

異常 休止 正常

見なくても工具
がつかめる
作業後離せば元
の位置に戻る

間違いなく取り出せる
部品供給

ワンタッチ
交換

ガイド

両手で無理なく作業が可能な範囲

ツールにガイドが装備され、
位置決めが楽にできる

2-9 製品設計の基本

➡ 製品設計とは

　ねらいの品質を決定する仕組みについて、2-2項で説明した。次ページの上図は同項で紹介したものに一部手を加えて再掲しているが、「企画・設計」が相当する機能である。

　工程設計やその準備段階において、すべてねらいの品質をムダ・ムラ・ムリなくできばえの品質に転写する元となる品質を決定することと、客先規格や法的要件を解釈する機能でもあるため、この段階でつくり込みに失敗すると工程設計や生産準備の段階で挽回は難しくなる。概ねQCDの80%は製品設計で決定される。

➡ 製品設計が考慮すべき要件

　ねらいの品質は、市場の要求が変化していくため適宜織り込まなくてはならない。ステークホルダー（利害関係者）とも言うが、たとえば地球環境への配慮はSDGsのような社会的な取り組みのほか、カーボンニュートラルのように規制によって制定されるものもある。使用禁止素材に該当してしまい、代替材

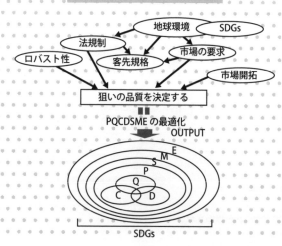

製品設計で考慮すべき要件

料への切り替えも必要となる場合もある。

　将来の使用性も極力含めて、および工程従事者の安全への配慮についても同容に重視した対応が欠かせない。さらに、ロバスト性（工程での許容範囲を広げておく処置）で工程の安定化のために検討しておきたい。

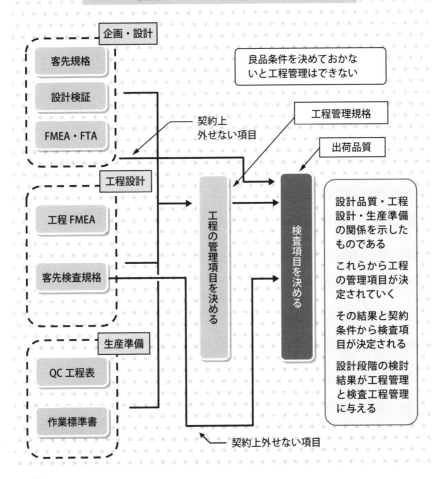

ねらいの品質をできばえの品質に置き換える流れ

企画・設計
- 客先規格
- 設計検証
- FMEA・FTA

良品条件を決めておかないと工程管理はできない

契約上
外せない項目

工程管理規格

出荷品質

工程設計
- 工程 FMEA
- 客先検査規格

工程の管理項目を決める

検査項目を決める

設計品質・工程設計・生産準備の関係を示したものである

これらから工程の管理項目が決定されていく

その結果と契約条件から検査項目が決定される

設計段階の検討結果が工程管理と検査工程管理に与える

生産準備
- QC 工程表
- 作業標準書

契約上外せない項目

Point
◆ 製品設計段階でQCDの80％は決定される。
◆ 市場の要件は法規制も含めて常に変化する。
◆ ロバスト性を確保する設計を心がける。

➡ 工程設計とは

　工程設計とは、ねらいの品質をできばえの品質に置き換える仕組みである。この段階で失敗すると2-2項でも述べたように、ねらいの品質が正しく設定されていても、正しく転写し顧客や市場へ出荷できない。DRとHVTを繰り返し実施すること、コンカレントエンジニアリングを適宜使用し、製品設計へタイミング良く問題点をフィードバックして、工程の維持安定の管理が行いやすい製品設計へ誘導するようにしたい。

ねらいの品質をできばえの品質に置き換える流れ

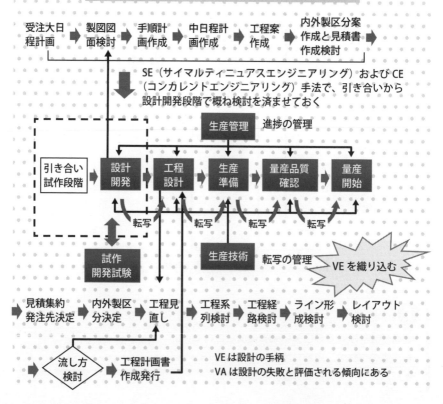

受注大日程計画 ➡ 製図図面検討 ➡ 手順計画作成 ➡ 中日程計画作成 ➡ 工程案作成 ➡ 内外製区分案作成と見積書作成検討 ➡

SE（サイマルティニュアスエンジニアリング）およびCE（コンカレントエンジニアリング）手法で、引き合いから設計開発段階で概ね検討を済ませておく

生産管理　進捗の管理

引き合い試作段階 ➡ 設計開発 → 工程設計 → 生産準備 → 量産品質確認 → 量産開始

転写　転写　転写　転写

試作開発試験

生産技術　転写の管理　VEを織り込む

見積集約発注先決定 ➡ 内外製区分決定 ➡ 工程見直し ➡ 工程系列検討 ➡ 工程経路検討 ➡ ライン形成検討 ➡ レイアウト検討

流し方検討 ➡ 工程計画書作成発行

VEは設計の手柄
VAは設計の失敗と評価される傾向にある

➡ 工程設計が考慮すべき要件

4Mの中で、最も不安定なMan（人）のミス発生メカニズムを理解することである。下図のように、人は短時間しか最大能力を発揮しない。入力変換ミスの発生も避けられない。これらが発生する前提で、工程設計を実施する。人の能力発揮レベルの測定も検討する。

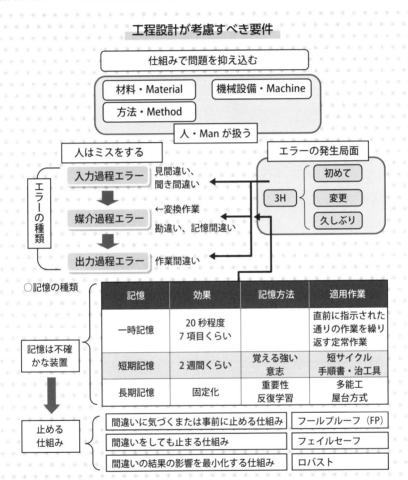

工程設計が考慮すべき要件

○記憶の種類

記憶	効果	記憶方法	適用作業
一時記憶	20秒程度 7項目くらい		直前に指示された通りの作業を繰り返す定常作業
短期記憶	2週間くらい	覚える強い意志	短サイクル 手順書・治工具
長期記憶	固定化	重要性 反復学習	多能工 屋台方式

生産計画の基本

生産計画とは

　ねらいの品質をできばえの品質に置き換える過程で、PQCDSMEすべて網羅した量産工程を設定すること、および量産量の中長期計画を設定することが生産計画の役割である（2-3項参照）。量産準備までは主導的に関与し、量産開始時点で工程管理に引き継ぐ。

　統制に移行した後は、進捗管理、余力管理、現品管理を実行するもととなる計画を提供し、フィードバックを工程管理部門から受けて発注元へ返すことも生産計画に含まれる。実務的な面は工程管理部門が直接的に実行することもあり、企業形態によりケースバイケースとなる。

生産計画の役割

　次ページに示した図では、量産立ち上げ後の管理部門からは生産計画部門に対し、要求が挙げられてくる一例を示した。詳細は以下の通りである。

○量産立ち上げまでの最大の課題は、生産準備期間を必要期間確保した開発終了スケジュールである

○QCDの80％は製品設計で決定されるため、生産管理の初期段階で利益確保は重要な課題である。工程管理部門も原価低減に寄与しなければならないが、計画段階での織り込みが最も低コストで効果が高い。また、変化点も量産前なら存在しない

○SCMが海外調達構造を持つようになった近年は、海外生産か国内生産かは今後の国際情勢も勘案して決定することになるが、海外生産工場を新規に設けるリスクは大きい。経営も巻き込んだ計画策定が必要となる

○さらに、突発的な事態へのリスクヘッジを考慮する必要がある。輸送マイレージが長大化するため、トラブル発生時には船便からエアー便に切り替えると高コストとなる。そのため国内に備蓄を持つことが、「在庫のムダ」として許容可能かの検討が必要である

○リスクヘッジのためには、複数のSCMを持つことも視野に入れる。備蓄と複数のSCMのコスト比較を含めて検討しなければならない

生産計画の役割

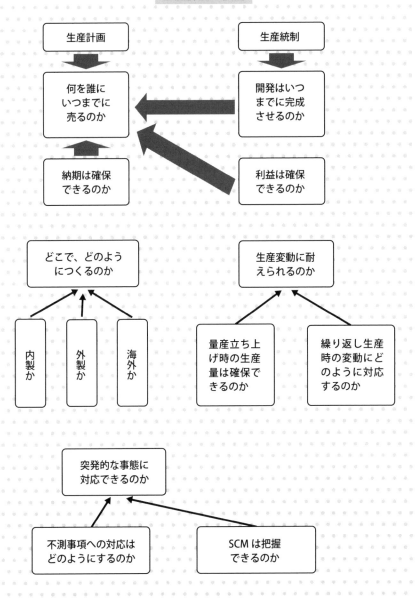

生産計画

何を誰に
いつまでに
売るのか

納期は確保
できるのか

生産統制

開発はいつ
までに完成
させるのか

利益は確保
できるのか

どこで、どのよう
につくるのか

内製か

外製か

海外か

生産変動に耐
えられるのか

量産立ち上
げ時の生産
量は確保で
きるのか

繰り返し生産
時の変動にど
のように対応
するのか

突発的な事態に
対応できるのか

不測事項への対応は
どのようにするのか

SCM は把握
できるのか

➡ 生産計画の流れ

次ページの図において、フローチャートで生産計画の流れの全体構造を表した。

①リードタイムへの対応

リードタイムは2種類ある。客先や市場から見たリードタイムは、欲しいと要求した時点から始まる。ねらいの品質のQCDのD（納期）とは、製造企業へリクエストした時点から実際に商品が届くまでの間となる。開発や生産準備期間の短縮が求められる。一方で、量産立ち上げ後は繰り返し生産となる。この場合は、定例の注文から納品までとなる。

②フレキシブルな工程の構築

受注変動に耐えるために設備や作業者をピーク負荷に合わせて持つことは、それ以外の受注量下では固定費差損が発生することになる。したがって、最低受注想定量で固定費を構築すべきであるが、最大受注時には納期遅延が発生する。そこで、できるだけフレキシブルな工程を構築する必要がある。

③ボトルネック対策

ボトルネックがあらかじめ想定できれば対策は可能だが、量産開始後に発見されることが多い。そのために量産開始前にHVTを繰り返し行い、工程の実力値を確認する。

④7つのムダへの対応

7つのムダが内在していないか、計画段階で検討する。IEを併用することも検討する。

⑤初期流動管理期間の設定

量産立ち上げ後に初期流動管理期間を設けて特別管理を行うことは、QCDが正しく転写されたかを見極めるために必要である。このとき、主管部門は工程管理部門となる。生産計画部門は、そのフィードバックを通じて積極的に情報の共有化を図り、問題があれば工程管理部門と連携して対応しなければならない。

⑥量産立ち上げまでの注意事項

量産立ち上げまでの期間、および初期流動管理期間におけるQCDの不具合と対応策は、効果とともに記録され、標準化（ルール化）しノウハウ化されなければならない。

統制を実行することは、量産開始以降の繰り返し生産に入ってからとなるが、計画段階から統制が行いやすいように①〜⑤を決定する段階で検討する。

生産計画の流れの全体像

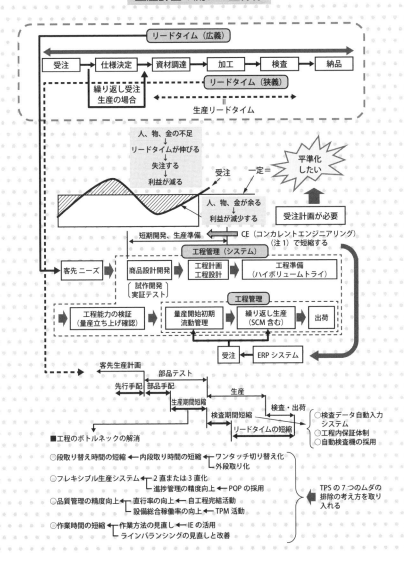

Point

◆ 生産計画は量産立ち上げまでの全責任を負って活動しなければならない。

◆ 客先や市場が必要とした時点からリードタイムは始まるため、コンカレント
エンジニアリングやDR、HVTを積極的に取り入れる。

2-12 生産技術との関係

➡ 生産技術とは

　生産技術とは、ねらいの品質をできばえの品質に置き換える過程の補完技術である（拙著「トコトンやさしい生産技術の本」、日刊工業新聞社刊参照）。つまり、ねらいの品質をできばえの品質に正しく転写するための技術の総称である。

　ねらいの品質やできばえの品質の要求条件が時代とともに高度化し、そのため生産技術開発力が求められている。新規商品開発力が高度であっても、量産技術が伴わない場合や工程の安定の維持ができなければ、商品は市場に届かない。したがって、新規商品開発力は新規生産技術開発力がなければ機能しないことになる。

➡ 生産技術の変遷

　次ページの図に示したように、産業革命以降、近年で特に直近の100年間は急速な発展を遂げてきた。時代の要求が多様化し、パーソナル化してきており、可搬性のための小型化やウェアラブル性の追求のため、製造工程はますます複雑で精密な構造になってきている。

　2010年代後半に、第4次産業革命としてIoTの活用が急速に浸透し、通信プロトコルの発達を促した。フィードバック制御からAI機能を備えたロボットが工程に投入されることは、まったく普通になってしまった。今後の論点としては、以下が重視されるようになるはずである。

　○グローバル化とIoT→DXへの活用へ移行していく

　○システムの自立化はAIの発達でますます進展していく

　○多品種小ロット商品がますます市場の要求として出てくることは必至であり、リードタイムの短縮化も要求されてくる

　○工程は多品種小ロット生産対応とリードタイムの短縮化を両立させるため、およびグローバル生産への対応も踏まえて、単機能設備では対応できなくなってくる。そのため、多機能汎用対応設備が必要となる。

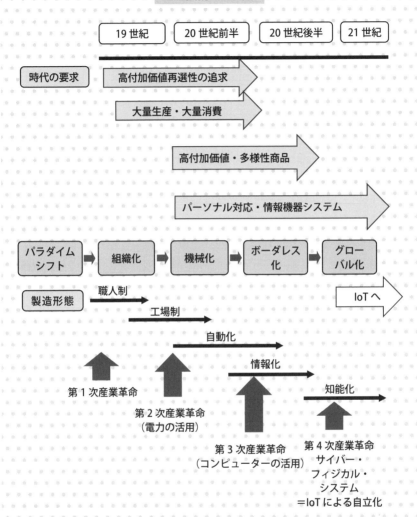

生産技術との関係

| 19世紀 | 20世紀前半 | 20世紀後半 | 21世紀 |

時代の要求

高付加価値再選性の追求

大量生産・大量消費

高付加価値・多様性商品

パーソナル対応・情報機器システム

パラダイムシフト → 組織化 → 機械化 → ボーダレス化 → グローバル化

製造形態

職人制

工場制

自動化

情報化

知能化

IoT へ

第1次産業革命

第2次産業革命
（電力の活用）

第3次産業革命
（コンピューターの活用）

第4次産業革命
サイバー・
フィジカル・
システム
＝IoT による自立化

P oint

◆ 生産技術は、ねらいの品質をできばえの品質に正しく転写するための技術の
総称。

◆ 多様化、パーソナル化、可搬性のための小型化やウェアラブル性の生産技術
が発展していく。

➡ 結果の検証可能性が必要性

1-2項ですでに触れたが、ねらいの品質をできばえの品質に置き換え、付加価値を増大させる装置の4Mが安定状態にあるかどうかを測定する仕組みとして1M（Measurement＝計測・測定）は不可欠である。次ページの上図は、工程管理項目としてQCDの中でQ（品質）について関係を示している。工程の真の姿を知らなければ、正しく4Mを統制することはできない。

工程管理として統制をかけるべき事項は、工程の安定状態の維持を過不足なく行うことである。そのためには、工程の安定状態を阻害する要因＝課題を確認し、あるべき姿に近づける活動を行うことが求められる。

➡ 結果の検証での注意事項

工程管理として統制を行う場合、以下の点に注意して対応するとよい。

○アクションにつながらない測定は行わない（スタディとして管理者が実施することは除く）

○不良が発生しないからと言って、希薄な根拠で管理を止めてはいけない。4Mが安定化した根拠を探すことに注力する。

○1-7項の図「工程の真の姿と母集団の関係」に示したように、SQCを適切に使う

野球の打者が同じスイングをしても打球が同じ軌道を描かないのは、毎回4Mが変化するためである。軌道をあるべき姿にするためには、修正のためのデータを得る必要がある。スイングの改善の前後で、効果の確認が比較できる方法を選ばなければならない。

Point

◆ 工程の安定状態をあらかじめ定義する。

◆ 言語情報も測定であるから使用する。

◆ アクションにつながらない測定は行わない。

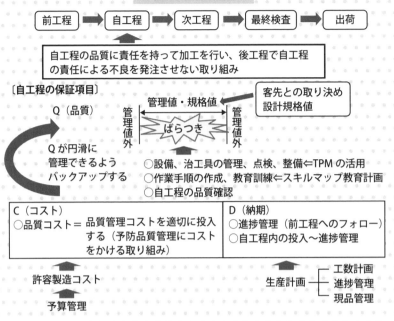

工程の真の姿を見る

前工程 ➡ 自工程 ➡ 次工程 ➡ 最終検査 ➡ 出荷

自工程の品質に責任を持って加工を行い、後工程で自工程の責任による不良を発注させない取り組み

〔自工程の保証項目〕

客先との取り決め
設計規格値

管理値・規格値

Q（品質）

管理値外　ばらつき　管理値外

Q が円滑に
管理できるよう
バックアップする

○設備、治工具の管理、点検、整備⇐TPM の活用
○作業手順の作成、教育訓練⇐スキルマップ教育計画
○自工程の品質確認

C（コスト）	D（納期）
○品質コスト＝品質管理コストを適切に投入する（予防品質管理にコストをかける取り組み）	○進捗管理（前工程へのフォロー） ○自工程内の投入～進捗管理

許容製造コスト

予算管理

生産計画 ┬ 工数計画
　　　　　├ 進捗管理
　　　　　└ 現品管理

4M＋1Mとアクションの関係

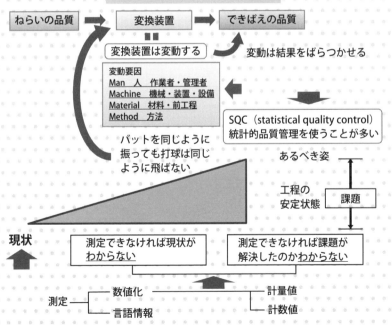

ねらいの品質 ➡ 変換装置 ➡ できばえの品質

変換装置は変動する　　変動は結果をばらつかせる

変動要因
Man　人　作業者・管理者
Machine　機械・装置・設備
Material　材料・前工程
Method　方法

SQC（statistical quality control）
統計的品質管理を使うことが多い

バットを同じように
振っても打球は同じ
ように飛ばない

あるべき姿

工程の
安定状態　課題

現状

測定できなければ現状がわからない	測定できなければ課題が解決したのかわからない

測定 ┬ 数値化 ─── 計量値
　　　└ 言語情報 ─── 計数値

Column **2**

「馬なり」と統制

　次期１万円札の肖像に起用される翁が起こした企業に勤務していた頃、「馬なり」という言葉を初めて聞いた。「指示を出さずに馬が走る」という意味から「身を任せている状態」を指すが、その前に勤めていた自動車業界は、当時はドイツ車の背中ははるか先にあったものの、米国車の背中がようやく見えて、「追いつけ・追い越せ」と開発部隊は寝袋持参で昼夜を問わず全力疾走していた。若い人には敬遠される「年寄りの武勇伝」みたいで恐縮だが、花形になりつつある産業にあって士気は高く、指揮も明確であった。

　冒頭の伝統企業では、人事考課制度と階層教育は徹底され、組織は円滑に動いているよう見えた。一方で、「馬なり」と言う聞き慣れない言葉を、お客様との接点の部門がたびたび使っているのを耳にした。

　組織の構成要員を馬に例える失礼を承知で述べるなら、馬は乗り手より賢く道を選んでくれる。乗っているだけで楽だが、馬は上り坂を嫌う。分かれ道では下り坂を選び、乗り手は最良の選択だと任せきる。ただ馬は遠くが見えないから、目の前に出現した道の難易度で判断する。道の穴はうまく避けても、最短コースを選択しているとは限らない。

　乗り手は本来目的地を知って、馬にとって歩きにくいコースも知っていなければならない。あえてその道に頭を振ることも必要で、馬がケガしないように難所は慎重に、抜けたら鞭を当てて全力疾走を指示すればよい。適切な統制とは何かを思うたびに、「馬なり」という言葉を戒めに思い出すのである。

第 3 章

効率の良い
生産統制を構築しよう

➡ 4MのMan（人）はモチベーションで動く

　4Mの中で最も変動要素を含み、かつ測定不可能な装置はMan（人）である。人はモチベーションで能力が変化する（アブラハム・ハロルド・マズロー：1908〜1970年）と言われている。

人のモチベーション

自己実現の欲求
承認の欲求
所属と愛の欲求
安全の欲求
生理的欲求

マズローの欲求段階説

> 人は性別・人種を越えて、人に認められたい欲求がある。部下の人格を認めて育てる姿勢が大切。要求に応えられたら褒めよう。そして、失敗した場合はきちんと叱る
> ただし、和気あいあいと馴れ合い、叱ると怒るは違う。必ず部下を育てる視点と姿勢が大切。部下の目線に降りて見て、問題を解決すべきそれは派遣社員でもパートタイマーでもアルバイトでも同じ

人材の要件

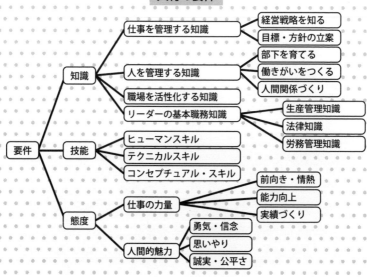

要件
- 知識
  - 仕事を管理する知識
    - 経営戦略を知る
    - 目標・方針の立案
  - 人を管理する知識
    - 部下を育てる
    - 働きがいをつくる
    - 人間関係づくり
  - 職場を活性化する知識
  - リーダーの基本職務知識
    - 生産管理知識
    - 法律知識
    - 労務管理知識
- 技能
  - ヒューマンスキル
  - テクニカルスキル
  - コンセプチュアル・スキル
- 態度
  - 仕事の力量
    - 前向き・情熱
    - 能力向上
    - 実績づくり
  - 人間的魅力
    - 勇気・信念
    - 思いやり
    - 誠実・公平さ

自工程完結は、工程従事者自身が成功体験を得ることができることから、承認の欲求を満たしやすい。「カイゼン」も、目で見る管理も自身・工程への承認の欲求を満たす可能性が高く、統制方法としてはモチベーションを上げていく上で役立つ。

➡ させられ感はどこから来るのか

　下図に、させられ感が存在する工程の例を示した。「なぜ、統制を行わなければならないのか？」という目的を見失って管理が目的化すると、人はモチベーションを減少させてしまう。

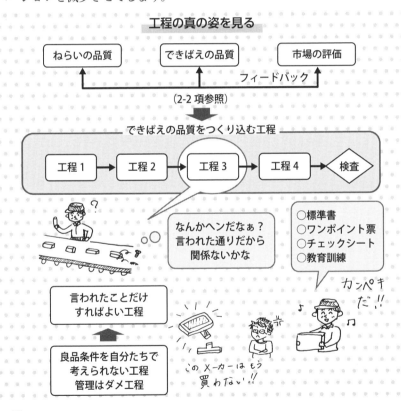

工程の真の姿を見る

| ねらいの品質 | できばえの品質 | 市場の評価 |

フィードバック

(2-2 項参照)

できばえの品質をつくり込む工程

工程1 → 工程2 → 工程3 → 工程4 → 検査

なんかヘンだなぁ？
言われた通りだから
関係ないかな

○標準書
○ワンポイント票
○チェックシート
○教育訓練

言われたことだけ
すればよい工程

良品条件を自分たちで
考えられない工程
管理はダメ工程

カンペキ
だ！！

このメーカーはもう
買わない！！

Point

◆ 人は承認の欲求が必要である。目標を達成すれば褒める。

◆ 人材育成の観点を常に持つ。

◆ 結果の情報の共有化を図る。

動ける組織にする
自主活動の定着

➡ 組織力は気づき力

　工程の安定を維持し、向上させ、付加価値を増大して利益を得る。それを実現するため、ねらいの品質をできばえの品質に転写する装置を管理する組織力が必要になる。

　工程管理の効率化はムダ取り（7つのムダが切り口）で実現するが、品質不良は付加価値の増大した仕掛品や製品を破棄や手直しすることになり、企業利益の損失が大きい。また顧客視点で見ると、信頼を失う原因となる。サービスは、できばえの品質が提供時点で顧客の利便性として転写され、消滅する（サービスの消滅性）可能性があるため取り返しがつかない。サービスの失敗はやり直しが効かない場合が多い。

　できばえの品質の結果が返されてきてから工程を止めることは、より被害が拡大してしまうことを意味する。それを工程段階で適切に止めるためには、工程で自らが気づいて不良をつくり続けることを避けたい。そのために自工程完結活動が必要となるが、工程の特性値をすべて網羅することは至難の業である。QCDの異常や工程の改善（カイゼン活動）を自主自発的に行うためには、「このままではいけない」「ダメだ、何かが違うと感じる」と思い当たることが必要で、これが気づきである。工程に気づきが備わっていることが現場力となる。

➡ 気づきと行動力

　工程管理においてムダ・ムラ・ムリを発見するために、次ページの下図に7つのムダに対する感度を高める代表的な項目を列挙した。課題が何かを正しく認識し、それに向けて行動を起こすものの、想定通りにうまく進まないことは少なくない。

　解決策のヒントは見える化を行い、自らが間違いに気づけるようにすることである。そして、特性値の管理図を活用して異常傾向を発見する。

工程の4Mと品質不良の関係

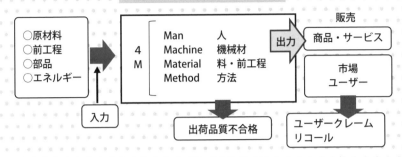

7つのムダに気づくには

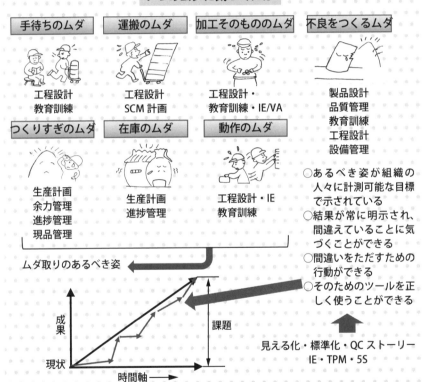

手待ちのムダ	運搬のムダ	加工そのもののムダ	不良をつくるムダ
工程設計 教育訓練	工程設計 SCM計画	工程設計・ 教育訓練・IE/VA	製品設計 品質管理 教育訓練 工程設計 設備管理

つくりすぎのムダ	在庫のムダ	動作のムダ
生産計画 余力管理 進捗管理 現品管理	生産計画 進捗管理	工程設計・IE 教育訓練

○あるべき姿が組織の人々に計測可能な目標で示されている
○結果が常に明示され、間違えていることに気づくことができる
○間違いをただすための行動ができる
○そのためのツールを正しく使うことができる

ムダ取りのあるべき姿

見える化・標準化・QCストーリー
IE・TPM・5S

Point

◆ 7つのムダを切り口に、ムダの発生に気づくように工程管理を工夫する。

◆ 管理図を活用する。

◆ あるべき姿を明確にして共有化する。

3-3 正しい作業をしている確証を持つ

➡ 正しい作業をしている認識の必要性

　2-5項で示したように、自工程完結活動を行うためには良品条件を正しく実行しなければならないが、作業者自身が正しく作業ができているかわかる、もしくは作業者が正しく作業をしているか管理者がわかることが必要である。後に詳述するFMEAは、失敗のモードを工程ごとに洗い出して対策する方法であるが、対策の前提条件は決められた手順で作業をしていることである。

　SDCAが守られていないと、QCDのトラブルが発生したときの対策は現地、現物、現認がスタートとなるが、工程のヒアリングに作業手順に沿った実行確認から始めなくてはならなくなり、初動が遅れる。作業記録もすべてを網羅していないため、記憶をたどって原因の追及を行うことは至難である。常に正しい作業状態であることが保証されているなら、トラブル対策はルールの問題、システムの問題や工程変化点からスタートすることができる。

　正しい作業が行われていないと、マルチオペレータによる多台持ちや多能工化では作業の状態を記憶していることは難しい。その一方で、数秒単位のタクトタイムで毎日単調とも言える作業は、原因をつくった作業時の記憶の曖昧さを内在することになる。

➡ 作業状態に確証を持つことが可能な工程づくり

　次ページに、自工程で作業者が自身の作業結果の良否についてわかるためのチェック項目を図示した。作業結果をその場で示すことができる一方法としてFP（foolproof：ポカよけ）を取り入れ、誤作業をその場で判定することもできる。ただし、コストの上昇やタクトタイムが伸びるなど、品質コストを総合的に判断して導入を検討すべきである。

　結果が自身に返ってくることで、作業者が作業に常に関心を持つことにつながることが期待できる。その結果、SDCAを確実に回して作業改善の工夫も進むようになる。

正しい作業をしている確証を持つための仕組みつくり

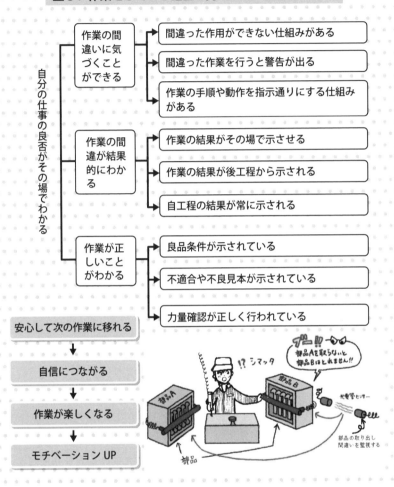

自分の仕事の良否がその場でわかる

作業の間違いに気づくことができる
→ 間違った作用ができない仕組みがある
→ 間違った作業を行うと警告が出る
→ 作業の手順や動作を指示通りにする仕組みがある

作業の間違が結果的にわかる
→ 作業の結果がその場で示させる
→ 作業の結果が後工程から示される
→ 自工程の結果が常に示される

作業が正しいことがわかる
→ 良品条件が示されている
→ 不適合や不良見本が示されている
→ 力量確認が正しく行われている

安心して次の作業に移れる
↓
自信につながる
↓
作業が楽しくなる
↓
モチベーション UP

ブー！

部品Aを取らないと
部品Bはとれません!!

!? シマッタ

部品A　部品B

光電管センサー

部品の取り出し
間違いを監視する

部品

Point

◆ 正しく作業ができていることが自らわかる工夫をする。

◆ 工程作業者とDRの実施や意見を採り上げること。

◆ FPなどハードウェアの導入はコストアップ要因でもあり、費用対効果を検討する。

3-4 間違いのメカニズムを理解する

➡ 人は緊張状態を継続できない

製造工場での安全活動において、労働災害を防止する観点から、人の信頼性レベルを5段階に分ける考え方を「フェーズ理論」と言う。工程の4Mにおいて、Man（人）は安定状態を計測しにくい4Mの機能である。

始業前ミーティングで、顔色や体温測定などの確認を行うルールを設けている企業が多いが、ある企業の最終目視検査部門において検査員が当日検査業務に従事する前に就業許可制を採用した事例によると、当日の就業許可は、専用室に入りモグラ叩きゲームをさせて合格点を採ることがテストの第一段階となる。合格すると不良品の確認テストを行い、すべて合格すると検査員許可証をつけて検査室への入室を許可される仕組みであった。遊び心を取り入れた方法は、その日の検査の緊張をほぐす役割も兼ねている。

電車の運転手が「指差呼称」を行っているが、これはフェーズⅢが持続できずフェーズⅡに落ちてしまい、放置するとフェーズⅠへの低下の危険があるため、フェーズⅢに強制的に戻すことで作業の確実性を保証している動作である。人は緊張状態を維持できないことが、統制を実施する大前提となる。

➡ 間違いはなぜ発生するのか

作業標準について、フェーズ理論のⅡかⅢのいずれを主体として作成するかを決めなければならない。基本はⅡで作成することになる。その理由はすでに述べたが、緊張状態の継続を前提にはできないからである。Ⅲを基本とするなら、ⅡからⅢに切り替えさせるポイントを標準書に織り込まなくてはならない。間違いが発生する要因例を次ページの下図に示す。

Ⅲを基本として工程設計を行うのであれば、Ⅱに落とさないような工夫を凝らしたい。

○数時間ごとに作業をまったく異なるものに入れ替える

○休憩を適宜入れる

○指差呼称など5感を働かせる動作を取り入れる

フェーズ理論と段階分け

フェーズ理論	
0	失神
I	ぼけた（寝）
II	安静・リラックス
III	緊張15分累計2時間
IV	パニック

間違いの発生要因図

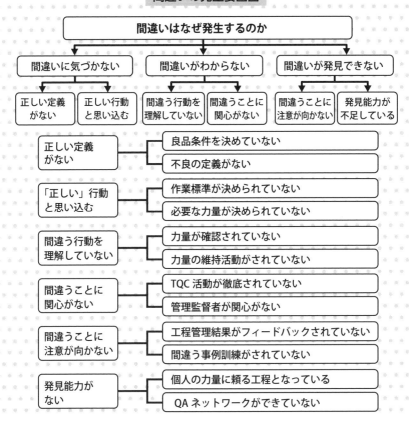

間違いはなぜ発生するのか

間違いに気づかない　間違いがわからない　間違いが発見できない

正しい定義がない　正しい行動と思い込む　間違う行動を理解していない　間違うことに関心がない　間違うことに注意が向かない　発見能力が不足している

正しい定義がない	良品条件を決めていない
	不良の定義がない
「正しい」行動と思い込む	作業標準が決められていない
	必要な力量が決められていない
間違う行動を理解していない	力量が確認されていない
	力量の維持活動がされていない
間違うことに関心がない	TQC活動が徹底されていない
	管理監督者が関心がない
間違うことに注意が向かない	工程管理結果がフィードバックされていない
	間違う事例訓練がされていない
発見能力がない	個人の力量に頼る工程となっている
	QAネットワークができていない

Ｐoint

◆ フェーズ理論を理解する。フェーズⅡでほとんどの作業が実行される。

◆ フェーズⅡからⅢに切り替える要領を標準書や手順書に織り込む。

◆ 間違いは誰にでも発生するし、発生危険度は日々変化する。

3-5 階層別教育を取り入れて達成感を得る仕組み

➡ 人のモチベーションを高める必要性

　工程の4Mの中で、最も不安定なMan（人）のモチベーション向上が重要である。そのためには、組織の中において役割が明確にされており、役割を確実に達成したと感じる仕組みが必要となる。何を達成すれば評価され、「承認の欲求」が満たされて「自己実現の欲求」が追求できるのか。さらには組織の中で個々が必要とされ、責任を果たすことで対価が与えられる仕組みを明確にすることが、組織には求められている。

➡ 階層別教育の必要性

　工程管理のみならず企業の組織において、経営トップから権限と責任を移譲されて組織は運営される。一人の管理監督者が直接指揮できる範囲は概ね7〜8人程度である。その最小単位をとりまとめる管理監督者を、さらに数個単位で束ねる管理者の組織構造となるが、最小単位の構成者や管理監督者が役割を認識し、必要かつ十分な知識と技能を取得している必要がある。

　これらをすべてOJT（On the Job Training）で徒弟制度のような教育訓練手段で行うと、組織構成者の能力にムラが発生する。組織構成者の果たすべき期待値を示し、それに見合う教育訓練をOJTだけでなくOff-JT（Off-the Job Training）も使って実行し、効果を確認する必要がある。

　次ページに示す図は、階層別教育の構築の一例である。企業の経営目的に沿って組織構成を編制し、組織に必要な人的資源（Man）の力量を定義し、教育訓練方法を定める。効果の確認方法も定めておく必要がある。さらに、対価とリンクさせることも可能であれば織り込むと、経営計画を立案時に労務費の想定が行いやすくなる。ただし、硬直化の弊害も発生する可能性が高くなるため、企業の規模と実態合わせてケースバイケースで取り入れるべきである。

　組織の中で階層が上がることは、責任も重くなり管理の範囲も広くなる。それに耐え得る人材を、そのときまでに確保する取り組みを行わないと工程管理の統制力が低下する。ルールをつくっても守られないのではなく、守る術を知らないのであり、教えられていないので行動できないのは当然である。

階層別教育の導入事例

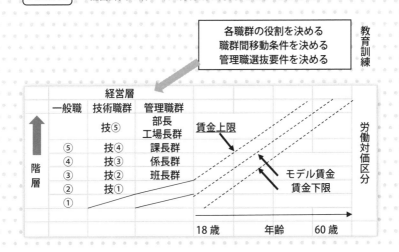

社是 → どういう企業にしたいのか

経営目的 → どういう方法で企業目的を達成させるのか

経営計画 → 経営目的に沿った具体的な計画を立てる

中期　3〜5年
短期　1年

○経営・営業戦略
○開発計画
○設備計画
○人員計画

人員計画 → 経営計画に沿って人材育成と労務費配分を調整する

各職群の役割を決める
職群間移動条件を決める
管理職選抜要件を決める

教育訓練

	経営層			
一般職	技術職群	管理職群		
	技⑤	部長 工場長群	賃金上限	
⑤	技④	課長群		
④	技③	係長群		モデル賃金
③	技②	班長群		賃金下限
②	技①			
①				

階層

労働対価区分

18歳　　年齢　　60歳

ⓟoint

◆ 経営目的を明確にし、組織構造を定める。

◆ 組織構造に必要な構成員の力量を定める。

◆ 力量の定義に沿った教育訓練方法を検討する。

3-6 人材育成と統制をバランスさせる

➡ 工程管理の統制に人材育成は不可欠

「企業は人なり」というのは事実である。人材育成ノウハウは、最重要のコアコンピタンスと言える。生産管理全体としては、ほぼ企業全体にわたって組織的に網羅するため、人材育成プログラムも組織要求に適合させなければならない。近年では、企業において新入社員の受け入れ時に、法的要件として義務づけられている「雇い入れ時教育」（労働安全衛生法第59条、労働安全衛生規則第35条により、労働者を雇い入れたときは、当該労働者に対してその従事する業務に関する安全または衛生のための教育を行う）のほかに社会的なマナーなども教育対象になっている。

管理のムダ・ムラ・ムリを排除するために、統制の効率を向上させる必要がある。しかし、窮屈で縛りつけられるような管理はむしろ効率を低下させてしまう。自工程は自分たちで考えて解決していくノウハウを取得すれば、自然と業務に興味が湧いて自主的に管理ができるようになる。

➡ 職務分権と昇格要件、適合職制とリンクさせる

次ページ下図は、階層別人材育成と統制の事例である。企業規模や経営目的により変化させなければならないが、基本的な考え方を示す。

「役割・能力」は、適用職制により異なる。たとえば生産工程の一般職であれば、中間層の④の段階では生産計画（小日程）や余力管理能力が必要となる。さらに上位の⑤層は、余力管理に必要な人員確保のための予算処置作成と、実行能力が必要となっている。工程の課長級であれば、⑤層のレベルから選抜されるであろう。⑤層への昇格要件は、④層で力量（実績や能力評価）が十分と評価された人材の中から、⑤層への適合教育を行い、⑤層で力量が発揮できると確認されてから昇格予定者に登録される仕組みである。

これに給与範囲にリンクさせる際に、ある程度の目安は必要である。中小企業では、経営層の専権事項として教育や説明責任を果たさず実施することも見受けられるが、モチベーションの向上よりも阻害要因となることが心配される。こうしたことは、人材育成としては得策とは言えない。

労働安全衛生法上の義務教育

労働安全衛生法に規定する教育

▽安全管理者などの能力向上教育（第 19 条の 2）
▽雇い入れ時教育（第 59 条第 1 頁）
▽作業内容変更時教育（第 59 条第 2 項）
▽特別教育（第 59 条第 3 項）
▽職長教育（第 60 条）
▽危険有害業務従事者教育（第 60 条の 2）
▽健康教育など（第 69 条）

階層別教育の導入事例

職務分権と処遇（権限と責任は不可分）

階層	一般職					技術職
	役割・能力	職制	昇格条件	昇格条件		
⑥		部長工場長 副工場長			↕	
⑤	予算立案・管理 ができるなど	課長 副課長			↕	
④	生産指示と 実施実行力	副課長 係長		↕		
③	⋮	係長 班長		↕		
②		班長 リーダー	QC4級 …			
①		オペレー ター	指示が守れる …	↕		試用
試用			…			

Point

◆ 人材育成教育には法的要件で義務づけられているものもある。

◆ 職務分権と昇格要件は組織構造上、上位者になるための自己研鑽の目安とも
なるため十分検討すべきである。

稼働率と可動率を使い分ける

➡ 稼働率と可動率

　稼働率は、フル操業したときにどのくらい高効率で生産が可能かどうかの指標である。つくりすぎのムダに気をつけたい指標であり、稼働率を追い求めるあまり、生産ロットを大きくする誘惑に負けてしまうこともある。

　可動率は"べきどうりつ"とも言われ、口頭で稼働率と発音した際の混同を避けるために使用される。可動率は、必要な設備が使いたいとき正常に使えたことを示す指標である一方、不良をつくり続けた時間も含まれる。いずれも、工程管理における統制の重要なポイントとして認識しておきたい。たとえば10人のインライン工程において、ボトルネックが第1工程にあり70％とすると、そのインライン工程の稼働率は70％以上にはならない。ここでは、ラインバランスを見直したり、作業のムダ取りを行ったりすべきである。一方、第1工程の設備のチョコ停が頻発して50％になることもある。どちらも、統制のために切り分けて分析すべき指標である。

➡ 設備総合効率も理解する

　次ページの下図に、設備に対する総合効率の指標を示した。負荷時間は、労務費の発生時間である。停止ロスは始業点検や昇温時間などの準備時間である。熱炉などは時間単位でロスが発生する。稼働時間はチョコ停が最も注意すべきロスであり、作業者も慣れてしまっている。しかし、チョコ停は故障の予兆である場合が多く、品質不良がこの段階から多発していることから工程管理の統制をかけて対処する。

> **Ⓟoint**
> ◆ 稼働率は高いほど良いが、つくりすぎのムダに注意する。可動率、設備総合効率は段取り時間やチョコ停が統制のポイントである。
> ◆ 不良はつくり続けないこと。工程内で不良が発見できることがムダの排除につながる。
> ◆ 自工程の状態の把握は、設備の停止時間をまず測定してみよう。

稼働率と可動率

稼働率	＝定時での設備フル操業能力に対して、必要生産量を つくるために必要な時間の割合

すべて売れることが前提条件にある

可動率	＝設備を動かしたいときに、正常に動いてくれていた 時間の割合

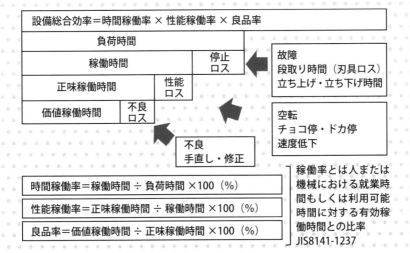

設備総合効率

設備総合効率＝時間稼働率 × 性能稼働率 × 良品率

負荷時間		
稼働時間		停止 ロス
正味稼働時間	性能 ロス	
価値稼働時間	不良 ロス	

故障
段取り時間（刃具ロス）
立ち上げ・立ち下げ時間

空転
チョコ停・ドカ停
速度低下

不良
手直し・修正

時間稼働率＝稼働時間 ÷ 負荷時間 ×100（％）
性能稼働率＝正味稼働時間 ÷ 稼働時間 ×100（％）
良品率＝価値稼働時間 ÷ 正味稼働時間 ×100（％）

稼働率とは人または
機械における就業時
間もしくは利用可能
時間に対する有効稼
働時間との比率
JIS8141-1237

3-8 設備管理体系を構築する

➡ 設備保全の必要性

　稼働率も可動率も設備（4MのMachine：設備）が関連している。特に設備が高額であったり、故障時に代替生産方法が採れなかったり、修理時間が長くかかったりする（MTTR＝Mean Time To Repair：平均復旧時間）場合は、故障前に察知して修理したい。これを予防保全と言うが、故障予測が難しく、安全を大きく取るとメンテナンス費は高額となる。

➡ 設備管理の種類

　設備管理には、大別して設備計画と設備保全がある。生産管理と同様にどのような設備にするのかは、2-11項で詳述した計画段階において、以下に図示する商品設計段階から工程計画・工程設計段階で行う必要がある。

　設備保全には設備稼働、設備可動、生産保全と大別され、設備計画段階でこれらの目標値が織り込まれる。生産性を考慮して設備投資や生産準備のリードタイムを検討し、適正な計画を行う。設備保全には、設備維持と設備の改善に大別されるが、設備維持が生産保全の主体となる。

設備計画の立案時期

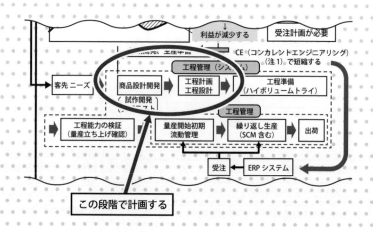

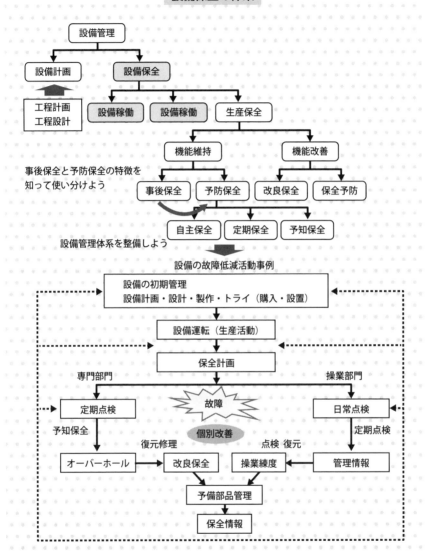

設備保全の体系

設備管理
├─ 設備計画 → 工程計画 工程設計
└─ 設備保全
    ├─ 設備稼働
    ├─ 設備稼働
    └─ 生産保全
        ├─ 機能維持
        │   ├─ 事後保全
        │   └─ 予防保全
        │   ├─ 自主保全
        │   ├─ 定期保全
        │   └─ 予知保全
        └─ 機能改善
            ├─ 改良保全
            └─ 保全予防

事後保全と予防保全の特徴を知って使い分けよう

設備管理体系を整備しよう

設備の故障低減活動事例

設備の初期管理
設備計画・設計・製作・トライ（購入・設置）

設備運転（生産活動）

保全計画

専門部門　　　　　　故障　　　　　　操業部門

定期点検　　　　個別改善　　　　日常点検

予知保全　　　　　　　　　　　　定期点検

オーバーホール　　復元修理→改良保全　操業練度←点検 復元　管理情報

予備部品管理

保全情報

P oint

◆ 設備管理体系は生産性に影響が大きく、生産計画段階での重要な検討事項となる。

◆ 生産保全は可能な限り予防保全を計画する。

3-9 信頼性工学を活用する

➡ 設備の信頼性

　信頼性（Reliability）とは、ある使用状態で使用者が期待する時間において満足する機能を果たすことである。どのくらい信頼性が保証できるのかを検証することが、工程の安定化には必要である。機能とは、使用するシステムが使用者の期待する働きをすることであり、期待する生産量を上げられていないときは機能を果たしていない状態と言える。

　次ページ上図に、設備の平均故障時間と平均修復時間を示す。この両者のバランスを、設備の特性により使い分けることが必要である。たとえば滅多に故障しないMTBFの長い設備でも、いったん故障すると長期間修理時間を要する場合もある。逆に頻繁に停止するが、修理時間は短いという設備もある。代替工程のない設備のMTTRが長いと、平均的な可動率が高くても突発故障により納期が逼迫する。

➡ 製品の信頼性

　商品として市場で評価される場合は、次ページ下図のように価値（付加価値）が認識される。支払ったコストに対して、購入した顧客の満足が得られるかどうかに左右される。

　使いたいときに使える可動率が稼働率より重要となるが、故障間隔が長いことも大切であるし、修理期間が短いことも顧客満足につながるかもしれない。そのためには、工程が安定的に付加価値を製品→商品に付加することが可能な、ねらいの品質通りの商品を市場へ送り出す必要がある。

Point

◆ 信頼性は商品特性としてねらいの品質に入れる。

◆ できばえの品質に正しく転写するためには工程の安定化が必要で、そのためには設備の信頼性や人の信頼性などが関わる。

設備の可動率

平均故障時間（MTBF）

生産設備が故障して、また次に故障するまでの
時間の平均値
この値が大きくなれば生産設備の信頼性が高い

平均修復時間（MTTR）

生産設備が故障し、修復して良品が生産される
までに費やした修復時間の平均値
この値が小さければ保全性が高い

> 予備部品の取り寄せ、冷却しないと修理できないなど

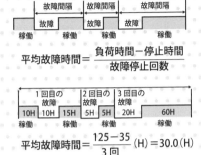

$$平均故障時間 = \frac{負荷時間 - 停止時間}{故障停止回数}$$

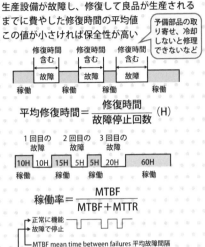

$$平均修復時間 = \frac{修復時間}{故障停止回数} \text{(H)}$$

$$平均故障時間 = \frac{125 - 35}{3回} \text{(H)} = 30.0\text{(H)}$$

$$稼働率 = \frac{MTBF}{MTBF + MTTR}$$

- 正常に機能
- 故障で停止

MTBF mean time between failures 平均故障間隔
MTTR mean time to repair　平均修復時間

信頼性の関連図

信頼性（Reliability）＝ある使用状態で使用者が期待する時間に
おいて満足する機能を果たす

$$価値（Value）= \frac{機能（Function）}{コスト (cost)}$$ ⬅ 満足な状態

機能とは＝使用するシステムが使用者の期待する働き

➘ 顧客の満足

魅力的
な品質

顧客の
価値観　当たり前
品質

⬆

効率性	可動率＝使いたいときに使える
	稼働率＝使うときに、より少ない入力でより大きな出力が得られる

諸技術を有機的に統合するような管理を通じてシステム全体の最適化を図る

- ○工程管理の信頼性向上
- ○設備保全の故障確率と予防保全
- ○事故発生の確立推定
- ○検査方法の最適化

3-10 FMEAは転ばぬ先の杖

➡ FMEAとは

FMEAとはFailure Mode and Effects Analysis（故障モード影響解析）の略で、前項でも解説したようにあらかじめ製品設計段階において、どのような使用状況で機能不良を発生させるかを推定してその影響度を推定し、発生の発見度を検討し、それらの総合的な評価で故障モードを判定する。故障の可能性が一定値を超える工程を低減させる検討方法である。影響度、発生の頻度、発見度のいずれか、または複合して対策する。

➡ FMEAはいつ実施するのか

FMEAには、製品設計段階で機能を失う可能性を検討する設計FMEA（D-FMEA）と、工程設計以降で実施する工程（P-FMEA）がある。次ページ上図に示した工程設計段階で実施する場合はD-FMEAを入手し、故障の影響度を確認してP-FMEAを作成する。

工程の維持段階でQCストーリーなどを使って問題解決を行う場合にも、FMEAを適切に使用することで検討の漏れがあった場合や再検討時に当初の内容を確認できることで、より真因に近づく活動が可能になる。

FMEAと対比される故障解析方法に、FTA（Fault Tree Analysis：故障の木解析）がある。これは製品の故障（機能の逸失）と、それにより発生した事故の原因を解析する方法である。工程の4Mの異常を発見することや、あらかじめ検討する場合はFMEAを使うが、製品設計の知見や原因に帰する可能性が高い場合にはFTAを使用することもある。

➡ FMEAの注意点

FMEAを実施する際には、縦軸に工程を書き出すが、QC工程表から転記すると工程の漏れを見つけやすい。また、「潜在的故障影響」の列はD-FMEAを参考に記載する。このときD-FMEAから引用するこの項目は、リコールなどの市場クレーム発生時にメーカー責任を直接問われる可能性があることから、部外秘や社外秘となることが多く、P-FMEAの作成部門が聞き取りなど

FMEA の実行段階

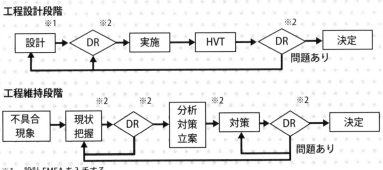

工程設計段階

設計 → ※1 → DR ※2 → 実施 → HVT → DR ※2 → 決定
（設計 ← DR へのフィードバック）
（問題あり）

工程維持段階

不具合現象 → 現状把握 → DR ※2 → 分析対策立案 ※2 → 対策 → DR ※2 → 決定
（現状把握へのフィードバック）
（問題あり）

※1　設計 FMEA を入手する
※2　工程 FMEA を使う

工程の維持に使用するFMEA

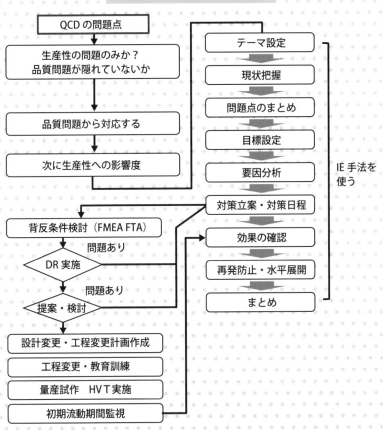

QCD の問題点

生産性の問題のみか？
品質問題が隠れていないか

品質問題から対応する

次に生産性への影響度

背反条件検討（FMEA FTA）

DR 実施　問題あり

提案・検討　問題あり

設計変更・工程変更計画作成

工程変更・教育訓練

量産試作　HVT実施

初期流動期間監視

テーマ設定

現状把握

問題点のまとめ

目標設定

要因分析

対策立案・対策日程

効果の確認

再発防止・水平展開

まとめ

IE 手法を使う

で設定することが増えている。したがって、この項目は製品設計部門などねらいの品質を決定する部門から丁寧に聞き取る、もしくは推定するしかない。このほか影響度、発生頻度、発見度の評価は、恣意的に行うことも可能であるため、あらかじめ評価点の一覧を作成しておくとよい。

影響度は、法律に抵触するような故障が推定される場合は10点満点となる。工程の安定化を目的に、影響度を直接軽減させることはできない。安全管理で例えるなら、高所作業で高所から落下すると死亡事故となるため10点を与えることになる。発生頻度と発生に至る発見度を工夫して、落下事故を低減させて総合点で安全にしたとしても、落下する可能性がある限り影響度はそのまま残ることになる。対策としては、高所をつくらない根本的な解決策を実施するしかなくなることに注意すべきである。

そして、4Mの機能停止を推定し、Manに起因する故障原因の対策を仕組みで改善することもFMEAの注意点の一つである。

➡ FMEAの限界

FMEAの影響度・発生頻度・発見度の見積りは法的要件や不良率など明確に取得できるものもあるが、見積りや過去の知見で推定するものも多い。また、費用対効果を考慮されることもあり、恣意的な評価がなされることもある。たとえば、津波被害の影響度は防波堤高さが6mなら、10mで想定すれば死者が発生するため10点であるが、発生頻度は過去の文献に見当たらないとして1点、来襲の予測が可能として1点にしてしまうと、合計10点で対策不要となる。これは極端な例であるが、知見や恣意的な影響を受けないDRの場は準備しておきたい。

Point

◆ P-FMEAは4Mの潜在的な機能停止を推定するためのツールである。

◆ 人に起因する機能停止が推定された場合は、教育訓練などの人の精度を上げるだけでは不十分で、確かな仕組みの構築を必須とする。

FMEAの事例

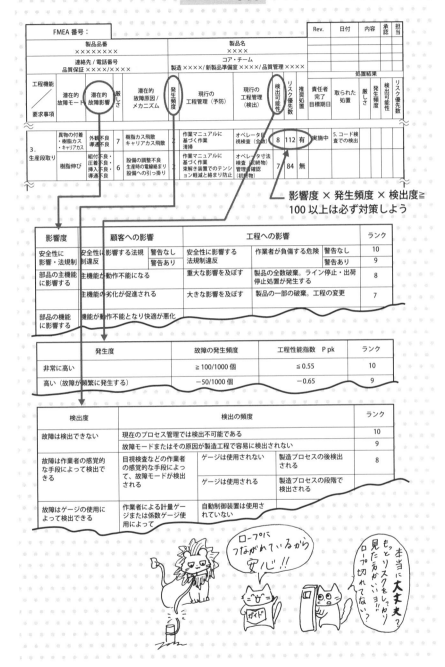

3-11 QAネットワークを形骸化しない

➜ QAの範囲

QA：Quality Assuranceとは「品質保証」の略で、ねらいの品質が正しくできばえの品質に転写される仕組みの総合的な仕組みを言い、市場での使用品質まで含まれる。たとえば機能が満たされず、人的被害が想定される場合は商品の回収を行うリコールがなされる。これはQAの失敗であり、QAの仕組みの見直しと対応を行う。

自社の工程だけではなく、SCM全体にわたって保証される仕組が必要となる。次ページ上図に示したようにSCMの範囲がQAの対象となり、海外調達構造を持つ場合には広範囲となる。

➜ QCMSの構築と課題

SCM全体にわたるQAの構築として、QCMS（Quality Chain Management System：品質保証のSCMの連鎖管理）ととらえる考え方がある。物と情報の流れがSCMであるから、品質保証もSCMの連鎖に沿って一連の流れで授受が可能である。課題は、以下に掲げる3つである。

○SCMは物と情報がセットで流れるが、情報や品質保証項目はSCMの構成企業にとって企業ノウハウに当たる場合が多く、管理が難しいことがある

○SCMを構成する会社には基幹産業企業であったり、部品の支給元が製品の出荷先の客先であったり、カタログ商品販売商社であったりすることも多く、自社の工程に対応して品質保証体制を構築しないことがある

○遠隔地の企業や多国籍企業など、距離的に管理が困難な場合がある

SCMのどの部分で、どのようなQCDの問題が発生するかを推定し、あらかじめSCMのどの部分で補完するかを決め、QA全体として機能させる。SCMの流れに従ってQCDの保証の網を張るが、形骸化しやすい欠点を持っている。そのため生産計画段階で製品設計から重要特性を決定し、ネットワークのどこで網を張るかを決め、管理体制を構築しておくことが求められる。

SCMの構造

SCM の構造

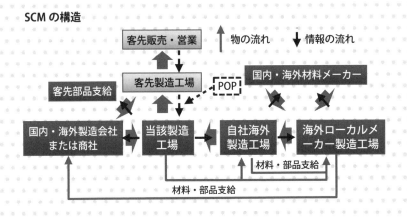

QAネットワークの事例

	自社工程 A	社外工程 A	社外工程 B	自社工程 B	出荷検査
飛散防止	◎	△	○	◎	
流出防止	◎	△	○	◎	◎

社外工程 A の流出防止が不完全な場合	➡	社外工程 A の流出を社外工程 B で発見し、次工程の自社工程 B へ流出させない仕組みを構築する

ランク	発生防止				
	1	2	3	4
流出防止 1	◎	◎	◎	◎
2	◎	○	○	△
3	◎	○	△	×
4	◎	△	×	×

最適（自工程完結）
合格
不合格

Point

◆ QAネットワークはCMの流れに沿って、どこでねらいの品質を保証するのか網を張る。

◆ 常に情報の更新が欠かせない。

3-12 改善前にトレードオフに 気を配る仕組み

➡ PDCAを回すCAPDoを回す

　PDCAは、QCDのねらいの品質が正しくできばえの品質に転写できない場合の対策や、レベルアップするための活動として有効である。問題点が明確である場合、たとえばルールを決めて守ることの定着化段階では、Checkから始めるCAPDoを選択すべきである。CAPDoはSDCAサイクルを回した結果、改善難度が高いと判断した場合、すでにCheckは終わっていると考えられるからである（1-10項参照）。

　次ページ上図はPDCAやCAPDoを活用して問題解決を行う事例であるが、

　〇背反条件（二律背反）がないか

　〇安全対策は検討したか

　〇QAネットワークに機能しなくなる部位はないか

については、必ず確認をする。

➡ 改善の落とし穴

　FMEAは、3-10項で解説したように背反条件の抽出と対策に有効な手段であるが、自社のノウハウに依存することには留意すべきである。その対策は、ノウハウの蓄積を行うことである。次ページ下図に、連関図として主な注意すべき事項を列挙した。

　QCDの改善活動を実行する場合、2次災害が発生することがある。CAPDoやPDCA、FMEAを行い対策を行った結果、当該案件は成功したが、別の品質不良が発生するような場合もある。対策の実行は4M変化点をつくることである。しかし、通常の変化点は事後変化点であり、対策の実行は事前変化点であるからHVTやDRを実施し、初期流動管理を設定することで発生を抑える活動は可能である。

Ⓟoint

◆ 良かれと思い改善すると、工程に変化点を発生させるため変化点に注意する。

◆ 改善は、あらかじめ対応可能であるから事前変化点管理をする。

PDCA を使った問題解決法

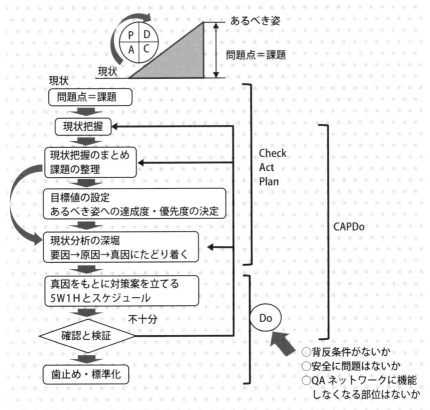

改善の注意すべき連関図

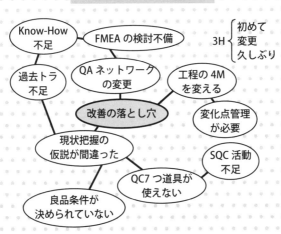

3-13 工程の気づきを育てる

➡ 工程の気づきの必要性

工程の安定維持を行って、付加価値を増大させる装置が4Mであるが、2-13項でも図示しているように1Mを用いて安定状態を確認し、安定化に向けた改善の結果を測定し確認することが必要である。

工程の管理者、統制を実行する場合において解決すべきポイントは以下の4つである。

　○あるべき姿を示す

　○現状を正しく把握する

　○管理・測定すべき製品特性や工程の管理基準を把握する

　○これらを測定可能性のある情報に変換する

これらのどれが欠けても、統制は不可能となる。曖昧にした状態でも、4Mの変換装置は7つのムダを抱えながらも日々活動し、工程は付加価値を生み出し、市場に提供することになる。

現状に妥協し、あるべき姿を一致させると課題はなくなり、4Mの自動運転で管理・統制は最小限で可能となる。しかし、品質コストは次第に増加し、企業の利益は低下していく。やがて4Mの機能不全が要因で、市場からのクレームやリコールにより品質コストにおける失敗コストで企業利益は圧迫されるか、それらの混乱から4Mが機能停止する。そのような事態になる前に、工程自身で異常に気づく仕組みが欠かせない。

➡ 気づくのは誰か

次ページ下図は、ISO（International Organization for Standardization：国際標準化機構）の要求事項で示される仕組みを取り入れることも解決法の一つである。ISOはトップダウン方式を採りながら、改善のサイクルを仕組みとして構築するが、いったん仕組みを機能させてしまえば運用は工程管理となる。仕組みとして完成しても、目標値の設定を誤ると、結果は低きところに流れていく。工程管理と工程従事者自身が気づくべきである。

気づきの工程であるためには

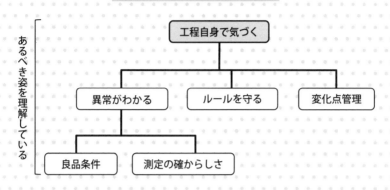

気づく仕組み

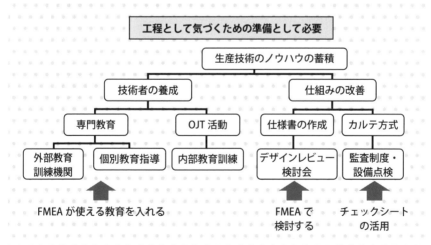

コンセプチュアル・スキルとは、経営層の視点で判断できるスキルのことである。一般層から中堅層においても、なぜ工程管理を実行しなければならないのか、市場で利益はどこから来るのかを知っておく必要がある。テクニカル・スキルは、その階層の従事者が実作業をするのに必要なスキルである。ヒューマン・スキルは、組織活動として運用する際に、上下関係や前後工程の関係性、全体最適への寄与など組織人としての基本行動が確実に実行できるスキルを言う。これらが階層別にバランスが取れていることが必要である。

次ページ中図において、管理者層における業績と人に関する関心度合を表した。業績に対する関心が高すぎるあまり、人に配慮ができない管理者の下では、部下の育成どころかいわゆる使い捨ての状態に陥る可能性が高い。パワハラやモラハラと言われるようになって久しいが、その温床になりかねない。ただし、緊急的な案件の場合は極めて短時間に成果を出せる可能性が高いが、永続的に存続できる組織構造とはならない。

○1-1型　管理監督者にしてはならない。何ごとも前例追随が当然となる
○1-9型　目標が示せない管理監督者で所属員が戸惑うか、馴れ合い職場となる可能性が高い。または権威主義者に変質する
○9-1型　ブルドーザー型の管理監督者で短期間のうちは効果が高いが、いずれ所属員が疲弊するかパワハラが発生する
○9-9型　理想的な管理監督者で、少なくとも5-5型は最低要件である

➡ 気づくためのリーダーシップ

9-9型（か少なくとも5-5型）の管理監督者として工程を統制していくためには、自らの気づきが必要である。そのためには、業績と人に配慮した関係性の構築が求められる。自工程や前後工程から問題を拾い上げ、あるべき姿を経営者の目線で考えて構築しなければならない。さらにはそれをメンバーに示し、メンバーに理解させながら自らも実行していく人材となるべきである。適切なリーダーに統制された工程は工程従事者からの気づきも得られ、成功体験が工程自体をレベルアップさせていく。野球やサッカーチームで監督が変わり、常勝チームになることはよく経験する。

工程の持つポテンシャルを引き出す統制力は、リーダーの資質が大切である。ただし、リーダー単独では組織の統制は難しい。組織目標が示されると、組織員の20%は肯定的、20%は否定的、残り60%は肯定か否定の20%についていく。共感者や協力者を生むことが欠かせない。

階層別スキルの構成

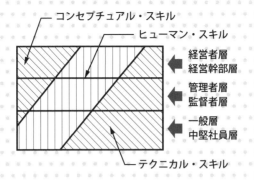

- コンセプチュアル・スキル
- ヒューマン・スキル
- 経営者層／経営幹部層
- 管理者層／監督者層
- 一般層／中堅社員層
- テクニカル・スキル

9-9型への移行

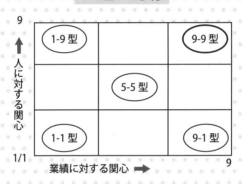

リーダーシップ

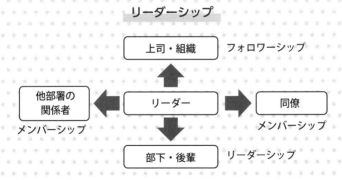

Point

◆ 気づきは、経営者の目線で工程のあるべき姿を構築する。

◆ 管理監督者は「9-9型」のリーダーを目指す。

弘法は筆を選びたい

「弘法は筆を選ばず」という諺がある。TPMにも通ずる概念であるが、限界も存在する。ある家電系下請企業が売上の低迷に遭い、その原因は客先が加工賃単価の切り下げを要求してきたためと説明された。インライン生産工程でプリント基板に自動はんだ付け装置を導入していたのだが、加工賃を下げさせられた。もちろん下請法（法律名「下請代金支払遅延等防止法」）により、指値発注は禁止されているため見積書を提出するが、受注が減少しているとのことである。

工程を確認した結果、高価な自動はんだ付け装置は大手装置メーカーのカタログ品で、15年間も更新されていなかった。そのため、最新設備を導入した競合他社の生産性に追いつけず、相見積りで失注していたことがわかった。経営者は、設備の減価償却が重くて利益が出ていなかったが、減価償却が進むにつれて利益が改善され、その後は黒字転換できたことで正しい経営判断と確信していた。しかし、その間に競合他社は設備更新を重ね、生産性の向上とともに受注単価が低下していったことに経営者は気づかず、なぜ客先が不当な加工賃の切り下げをしてくるかが理解できなかったのである。

4Mのうち設備で解決できるものは、費用対効果を考えて自働化や省人化でき、工程が安定するのであれば積極的に導入したい。一方、設備で対応できない工程管理は、人や方法により分担してムダを省略していくことが問われる。減価償却費を低下させていくことは、タコが自分の足を食べて生き延びるに等しく、獲物を捕獲する手足を食べてはやがて餓死が待っている。筆は良いものを選ぶべきである。

第**4**章

ルールが守れる
組織を編成する

QCDの目的別種類

　利益の源泉である付加価値を織り込む工程として4Mがあり、それらの成立過程と要件については第1章で説明した。ただ、4Mを扱う工程では作業の日常性に流され、QCDが工程管理の目的であることを忘れがちとなる。自工程の都合の良いQCDで妥協をしてしまい、本来の目的であるねらいの品質をできばえの品質に正しく転写する作業工程の安定的な運用ができなくなるか、その管理レベルの低下に気づかないことになる。以下にQCDの目的別考え方の例を示す。

　　○市場が期待するQCDは、市場が望むときに望む価格で望むだけ要求する
　　　←マーケットインであり、商品としてとらえる
　　○提供側が期待するQCDは、生産者の実現可能な品質で、利益が確保できる実現可能な価格で、平準化された無理のない量を提供したい←プロダクトアウトであり、製品としてとらえる
　　○市場は、対価と引き替えに提供された商品を使用し、QCDの期待値と比較して評価する

　品質に関しては、期待値は主に魅力的品質が重要視され、当たり前品質は商品の機能が失われた時点で認識されることが多い。たとえば、10万円でテレビを購入する場合、与えてくれる生活の質の向上を期待する。当たり前品質は、10万円のテレビの一般的な機能維持期間である。メーカー保証の1年は初期故障の想定であり、摩耗故障期間は何年も先を想定して設計される。消費者は、10万円の商品の機能維持期間がどの程度かを見積もっているわけではなく、機能逸失時点で判断することになる。5年で満足するか、失望するかを提供側は把握して修正しなければならない。

目標とすべきQCDの種類

　ねらいの品質は、使用品質で修正される。できばえの品質は、ねらいの品質を正確に転写し、ねらいの品質が許容する範囲に収める必要がある。目標とすべきQCDは、使用品質を反映したねらいの品質となる。

QCDの種類

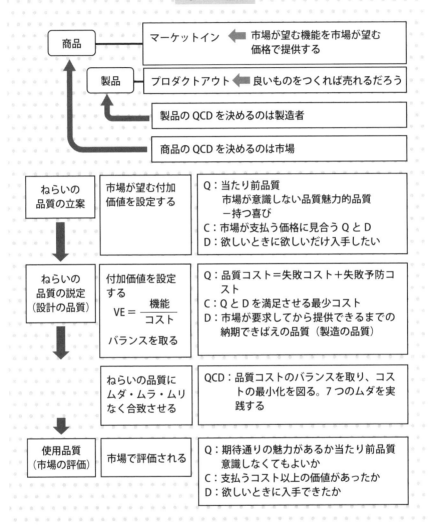

商品	マーケットイン ⬅	市場が望む機能を市場が望む価格で提供する
製品	プロダクトアウト ⬅	良いものをつくれば売れるだろう

製品の QCD を決めるのは製造者

商品の QCD を決めるのは市場

ねらいの品質の立案	市場が望む付加価値を設定する	Q：当たり前品質 市場が意識しない品質魅力的品質 －持つ喜び C：市場が支払う価格に見合う Q と D D：欲しいときに欲しいだけ入手したい
ねらいの品質の説定 （設計の品質）	付加価値を設定する $VE = \dfrac{機能}{コスト}$ バランスを取る	Q：品質コスト＝失敗コスト＋失敗予防コスト C：Q と D を満足させる最少コスト D：市場が要求してから提供できるまでの納期できばえの品質（製造の品質）
	ねらいの品質にムダ・ムラ・ムリなく合致させる	QCD：品質コストのバランスを取り、コストの最小化を図る。7 つのムダを実践する
使用品質 （市場の評価）	市場で評価される	Q：期待通りの魅力があるか当たり前品質 意識しなくてもよいか C：支払うコスト以上の価値があったか D：欲しいときに入手できたか

Point

◆ QCDは工程が可能な範囲ではなく、ねらいの品質に適合しているかどうかである。

◆ 使用品質の把握は推定が入るため、情報を収集してねらいの品質を修正する。

◆ できばえの品質は、ねらいの品質に適合しているかを確認する。

4-2 QCDはプロセス管理にする

工程管理の1Mの限界

　工程の変換装置である4M＋1Mにおいて、1Mは工程の安定状態や対策した効果の測定に必要な要素であるが、限界も存在する。次ページ上図はその抜粋であるが、工程という変換装置の品質特性をすべて網羅することは困難で非効率である。そのために工程の管理項目をあらかじめ設定するが、その管理項目それぞれについて数値化して工程内で結果を確認することや、工程終了後に検査工程でできばえの品質を確認することは、全数検査であっても完全にはならない。

　その解法の一案として、2-4項で紹介した自工程完結活動がある。つくりながら品質特性を織り込んでいくことで、1Mに頼る管理頻度を低下することができる。

QCDの確認方法

　工程における4Mの変動により、QCDがねらい通りにできばえの品質に転写できたか確認する方法は、①要因系と②結果系に分かれる。

　要因系は、変動要因そのものか、その特性値を直接的に管理するための統制する方法である。これはプロセス管理と言える。一方、結果系は、変動要因が織り込まれてからできばえの品質を確認する方法で、合格不合格の判定を主に実施することになる。破壊検査が必要な場合は、サンプル数は限定されて精度が悪化する。また、選別検査になってしまうため、付加価値を織り込んだ製品の破棄や手直しが発生することになり、ムダが多い。

　このような理由から、工程でつくり込んでいる時点で作業プロセス自体を管理し、統制する方法が最も費用対効果が高い。

結果系と要因系管理の使い分け

　工程の安定状態を正しく把握することは必要だが、コストがかかるため極力減らすべきである。そのため、要因系で可能な限り作業の確からしさを保証した上で、結果系の確認を行うようにする。

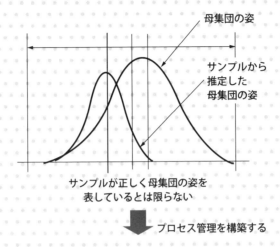

工程の真の姿を見る（再掲：31ページ改）

母集団の姿

サンプルから
推定した
母集団の姿

サンプルが正しく母集団の姿を
表しているとは限らない

プロセス管理を構築する

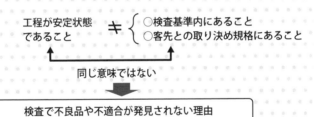

プロセス管理の考え方

工程が安定状態
であること ＝ { ○検査基準内にあること
○客先との取り決め規格にあること

同じ意味ではない

検査で不良品や不適合が発見されない理由

①工程が安定状態にあり、規格外れが発生しない
②規格の設定が不備で、工程の安定が崩れていることが発見できない
③検査精度（検査機器の劣化や検査員の質）の劣化で不良品や不適合品
　をつかまえることができない

工程の4Mの安定性を直接的に確認しなければならない

oint

◆ 工程でつくり込んでいる時点で直接的に管理し、統制する方法を採る。
◆ 検査は品質特性のすべてを捕まえられず、別作業になりやすい。

4-3 QCDを管理者が理解する

➡ 工程管理に管理者が介在する意義

　工程管理は、工程の安定状態の維持と向上に向けたプロセス管理を行うことであるが、工程の管理状態の確認とともに、客先（含む後工程）との契約条件の確認も忘れないようにしたい。

　工程の安定状態を知るには工程の真の姿を見なければならないが、管理特性値を的確に見つけられるか、安定状態にあるのかを常に確認しておくことが求められる。たとえば、工程内不良項目が安定してきた場合、工程能力が向上したか、検出力が低下したかのいずれかを表している。

　管理者が特性値や工程の真の姿を見る力量がないと、検出力の低下を工程の安定化によるものだと解釈してしまう。SQC（Statistical Quality Control：統計的品質管理）ではこれを消費者危険や生産者危険と呼んでいる。前者は不良を検知できずに後工程に流すことであり、後者は逆に過剰に反応して、不良ではないものを不良品と識別してしまうことである。工程の安定化が常に表層的なものではないかどうかを疑うことが、管理者に必要である。

　さらには、工程内不良が低減しているからとして、根拠もなく工程管理項目を削減したり、クオリティゲート（工程内検査や最終検査を含む）を省略したりすることは非常に危険である。工程管理者の管理ポイントは、次ページ下図が要点である。

➡ 工程管理者が理解すべきこと

　工程管理者が工程を統制する際に4Mで構成される自工程は、プロセス管理で安定化を維持することを理解していなければならない。4Mは常に変動し、工程を通過した付加価値の結果は変動する。何を統制すれば工程が安定するかを、常に監視して修正する。そのためのツールを正しく選択し、得られた結果から安定化に向けた行動が求められる。

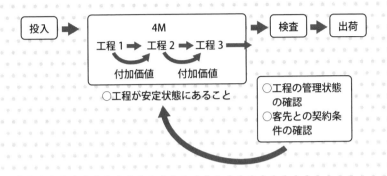

プロセス管理の考え方

投入 ➡ 4M
工程 1 ➡ 工程 2 ➡ 工程 3 ➡ 検査 ➡ 出荷

付加価値　　付加価値

○工程が安定状態にあること

○工程の管理状態の確認
○客先との契約条件の確認

工程の真の姿を見る（抜粋）

1 目的を正しく理解する

目的を正しく理解する
○品質は工程でつくり込む　ねらいの品質に忠実であること
○最小の投入量で最大の出力を得る　7つのムダの排除
○TPS や TPM はツールであって目的化してしない←手段が目的化しない

2 QCD を正しく実行する

○見える化を図る←5S 美化活動と勘違いしない
○工程現場に問題の現象が発現する　　←現象と問題を間違えない
○現象→原因→真因をつかむ　　　　　←現場が答えを知っている
○実行は仮説の検証であると理解する　←思い込みで実行しない

P oint

◆ 工程の安定状態は管理精度が低下すると一見、向上したように見えることがある。

◆ 管理者は常に工程の真の姿を見ているかを問い直すことが必要。

管理者は経営者の目線にする

➡ 経営者の目線は鳥の目と虫の目

　経営者は工程管理を含むすべての責任を負う。経営者は組織をつくり機能させて、経営目的を達成する。次ページにその構造を図示するが、最上位に企業が存続する意義・活動目的や目標がある。これらを達成するために、3〜5年先を見据えて経営計画が立案される。

　当然ながら、不測の事態は発生する。天災や他業種からの参入、地球温暖化対策による法律の改正などを随時織り込まなくてはならない。したがって、毎年見直しと修正を図っていく。その下支えとして日常管理が存在する。ここが崩れると、壮大な経営計画も画竜点睛を欠くか、砂上の楼閣状態になってしまう。一流の食品メーカーが、工程管理の失敗から食中毒事件を発生させて市場から退場を迫られたほか、出荷検査の改ざんでリコールを発生させ、市場から撤退させられるなどの事件事故が少なからず発生する。

　これらは企業統制（内部統制システムの整備）が問題なのであるが、日常管理の統制の欠如とも言える。経営者の目線は全体を俯瞰する鳥の目と、細部を見逃さない虫の目が求められる。経営者にも得手と不得手は存在する。下位組織の者が同列の視点で補完することは、事業の継続性やBCPの観点からも必要である。

➡ 工程の管理者は経営者目線になること

　工程管理自体が経営である。経営者から権限と責任を移譲され、自工程だけではなく全体最適を考慮して管理するためには、より上層の考えを理解して日常管理が崩壊しないように、最新の注意で工程の安定化に努めなければならない。経営者は工程管理から企業の進むべき方向づけと実績確保、課題解決をしなければならないが、工程管理者も同様で、自工程においてそれぞれが機能してこそ企業構造が支えられる。

　たとえば、工程の生産量を一時的に増大させる必要が発生した場合、①人員や設備を投入して増産する、②外注工場へ増産分を発注する、③工程の改善を進め、負荷を予測してピーク負荷の前倒しでピーク負荷の山崩しを図り、生産

平準化と効率化で乗り切る。このとき経営者の目線であれば③を選択し、①や外部にキャッシュが流出する②は極力避けるであろう。なお、①〜③のいずれも変化点が発生するため、4Mの変化点を事前に準備する手段を講じておくとよい。常に工程管理者は、経営者目線でQCDを検討すべきである。

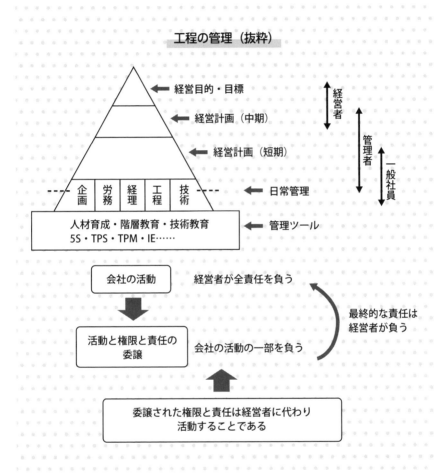

工程の管理（抜粋）

Point
◆「自工程は小さな企業」として管理者は考えて管理方法を検討する。
◆QCDの最適化は、上位方針と合致していなければならない。
◆上位方針を知り、自工程の役割を自工程内に活用する。

気遣い作業を探して ムダを排除

➡7つのムダに気づかない

　2-7項で取り上げた7つのムダは、工程内で付加価値の増大効率を低下させる要因であるものの気がつきにくい。そのために目で見る管理や、そのツールとしての5S活動があるが、視点を変えるなど工夫がないと発見しにくい。

　次ページ上図は、7つのムダの視点を通じたムダの発見事例を示した。加工のムダにおいて「必要がない」と判断するためには、工程の真の姿を見る力量がないと不良手直しのムダが発生することになり、注意を要する。

➡7つのムダが潜む気遣い作業

　7つのムダを切り口に、ムダを探し続けることは、手がかりがない場合は有効であるが極力避けたい。ムダが発生するポイントを見るべきであり、気遣い作業に注視すると見えてくることが多い。次ページ下図は、その代表的な事例である。

　作業ミスや作業の中断、手待ち、不良の発生、検査見逃しなど気遣い作業が無意識に織り込まれて、作業者を苦しめているばかりか工程の作業効率を低下させている。対策としては3点を列挙したが、これらはSDCAの実践である、ルールをつくる、守る、守れない原因を探す、守れる作業ルールに変更するの一連の対策で解決する。さらに、改善時の変化点と背反が発生しないか検討し、対策を行うことが重要である。チョコ停や手待ちのムダは、作業者が慣れてきたり隠したりすることもあってわかりにくい。これらはサイクルタイムにもよるが、現場で1時間も観察すれば理解できるだろう。ムダを探せないのは、現場の異常が見える化されていないことにもよると考えるべきである。

Point

◆ 気遣い作業を行っている工程は、7つのムダが隠れている。

◆ 気遣い作業を作業者の熟練度と勘違いしてはいけない。

◆ 気遣い作業に慣れると、カイゼンの芽がつぶれてしまう。

７つのムダと典型事例（抜粋）

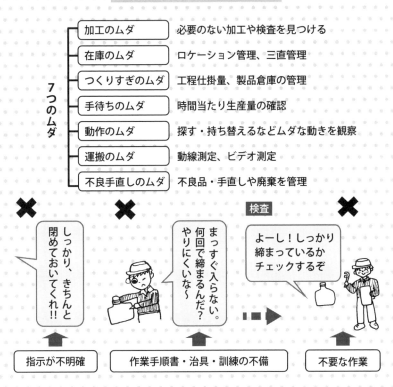

７つのムダ
- 加工のムダ — 必要のない加工や検査を見つける
- 在庫のムダ — ロケーション管理、三直管理
- つくりすぎのムダ — 工程仕掛量、製品倉庫の管理
- 手待ちのムダ — 時間当たり生産量の確認
- 動作のムダ — 探す・持ち替えるなどムダな動きを観察
- 運搬のムダ — 動線測定、ビデオ測定
- 不良手直しのムダ — 不良品・手直しや廃棄を管理

しっかり、きちんと閉めておいてくれ‼

まっすぐ入らない。何回で締まるんだ？やりにくいな～

検査
よーし！しっかり締まっているかチェックするぞ

指示が不明確

作業手順書・治具・訓練の不備

不要な作業

気遣い作業

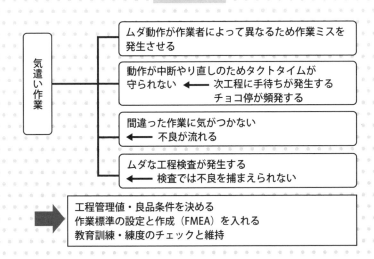

気遣い作業
- ムダ動作が作業者によって異なるため作業ミスを発生させる
- 動作が中断やり直しのためタクトタイムが守られない ← 次工程に手待ちが発生する チョコ停が頻発する
- 間違った作業に気がつかない ← 不良が流れる
- ムダな工程検査が発生する ← 検査では不良を捕まえられない

➡ 工程管理値・良品条件を決める
作業標準の設定と作成（FMEA）を入れる
教育訓練・練度のチェックと維持

4-6 生産４要素別の統制方法を採る

➡️ 生産の４要素を統制するには

　生産の４要素4M＋1Mにおいて、4Mと1Mの役割を分けて理解し、さらに4Mにおいても3Mと1Mに分けて統制することを検討しよう。人の効率化、設備の効率化、方法の効率化を図る中で、材料や仕掛品や製品の効率化を図っていけばよい。

　たとえば、材料投入量をリーン（足らずじまい）生産方式のように行い、SCMや工程のムダを徹底的に排除して、問題が発生する都度迅速に対処していく方法もある。しかし、この方法では重大な変化点を発生させてしまい、品質問題で後始末に品質コストが膨大になる背反条件が発生することがある。したがってそのようなリスクを許容できるか、経営的に事前に検討しておく必要がある。ショック療法のように、目先の利益を求める方法を採ることがわかりやすい管理であると誤解して、工程の安定性を壊すことが改革と思い込むことがあってはならない。

　人の効率化については、ムダの排除を行った後に作業の効率化を図る。IEを活用するのが効果的と言われている。次に設備の効率化は、TPM（Total Productive Maintenance：総合的設備管理）を導入した後に7大ロスを極小化する。TPMはシステム化が理想であるが、全員参加の自主保全活動が定着すればよい（TPMは日本プラントメンテナンス協会の登録商標）。

　そして、方法の効率化については工程の改善から始める。つくりにくさや気遣い作業、良品条件の設定がターゲットになる。誰が作業しても同じ結果が得られる工程管理を行った後、リードタイムの短縮化、小ロット化、運搬の合理化などを改善していく。

➡️ 7大ロスの低減で7つのムダの低減に活用する

　設備の効率の悪さを放置してムダを発生させることに気がつかないと、ムダがなくならない。作業の効率化を狙うと、やりにくさや設備の不具合を人がカバーしてしまい、それが日常化・慢性化するとロスが標準化される。4Mは連携するため、人の効率化だけに着目するのではなく相互連携する。

生産の4要素と改善の流れ

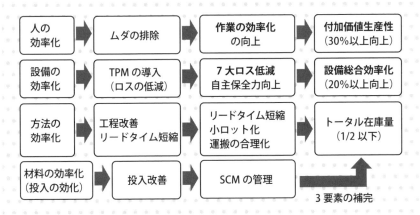

人の効率化	→	ムダの排除	→	**作業の効率化の向上**	→	**付加価値生産性**（30%以上向上）
設備の効率化	→	TPMの導入（ロスの低減）	→	**7大ロス低減** 自主保全力向上	→	**設備総合効率化**（20%以上向上）
方法の効率化	→	工程改善 リードタイム短縮	→	リードタイム短縮 小ロット化 運搬の合理化	→	トータル在庫量（1/2以下）
材料の効率化（投入の効化）	→	投入改善	→	SCMの管理		3要素の補完

ムダとりの連携

どこを、何を、効率化すべきかを決定する

○設備を最大限に使うか
○人を最大限に効率化するのか
　　　　　　　　　　　　どっちつかずはダメ

7大ロス

	P	Q	C	D	S	M
	Productivity	Quality	Cost	Delivery	Safety	Moral
	生産性	品質	コスト	納期	安全	モラール
基本事項は満足しているか	○	○	○	○		
ポカよけ・目で見る管理は組み込まれているか	○	○			○	○
7つのムダに配慮したか	○	○	○	○		
生産必要数の70%で成立するか	○		○	○		
工程バランスは取れているか	○		○			○
安全に配慮しているか					○	○
5Sが行いやすい工程にしたか		○			○	○

故障ロス段取り・調整ロス刃具ロス立ち上がりロス：
チョコ停・空転ロス速度低：下ロス：手直し不良ロス

7つのムダ

ムダの種類	内容
①つくりすぎのムダ	その時点で必要のないものを余分につくること
②手待ちのムダ	前工程からの部品や材料を待って仕事ができないこと
③運搬のムダ	ものの必要以上の移動、仮置き、積み替えなどのこと
④加工そのもののムダ	従来からのやり方の継続といって、本当に必要かどうか検討せず、本来必要のない工程や作業を行うこと
⑤在庫のムダ	完成品、部品、材料が倉庫など保管され、すぐに使用されていないこと
⑥動作のムダ	探す、しゃがむ、持ち変える、調べるなど不要な動きのこと
⑦不良をつくるムダ	不良品を廃棄、手直し、つくり直しすること

Ｐoint

◆ リーン方式による操業は、力ずくで行うとQCDが混乱する。

◆ 設備の効率化と連携して工程のムダを低減する。

◆ 最終的な目標値を持って4Mの最適化を図る。

4-7 人は間違えることを前提に管理する

人的ミスの防止は生産計画段階で行う

3-4項でも触れたように、人は間違えるという前提で工程管理を行うべきであるが、工程が安定状態段階に移行した後にこれを構築することは難しいとされる。管理の失敗が表面化した後に、再発防止をかけることで解決することも多いが、可能であれば管理の失敗に至る前に予防的処置を試みるべきである。

次ページ上図は、受注から繰り返し量産段階に移行するプロセスフローを示したものである。☆印で示したプロセス部分は、人的ミスを防ぐ手段を検討しなければならない。

作業者を常時緊張状態に置くことを前提にすると、ミスを誘発するというフェーズ理論を取り入れ、フェーズⅡで運用できるように検討する。計画段階でこれらの配慮を織り込まないと、工程管理は作業者のミスを常に確認させる作業を強いることになり、工数増とできばえの品質確認を検査工程で行うことになる。さらには、検査工程で良品選別作業をすることになる。

忘却曲線を理解する

人は、覚えても特別なことをしないと忘れてしまう。そこで一時記憶→短期記憶→長期記憶と段階的なプロセスにより記憶が定着していくこととなるが、忘却の時間的な影響を考慮して、適切に繰り返し記憶を維持する訓練プログラムと忘却を補完する装置や方法を準備しておいた方がよい。2-1項と2-10項で説明した一時記憶、短期記憶と関連しているが、すべてを忘れてしまうわけではない。人がミスを発生させる場合にやっかいなことは、完全に忘れてしまえば行動できないが、全部を忘れてしまわないため覚えているつもりで行動することである。覚えているつもりを防止する対策が必要になる。

Ｐoint

◆ 人が原因で4Mが安定しない真因は、工程計画のミスである。
◆ 人はミスを犯す、忘れる、緊張は続かないことを前提に工程計画を組む。

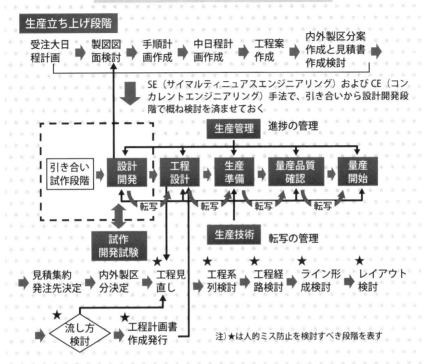

人的ミスの防止検討をすべき生産準備段階

生産立ち上げ段階

受注大日程計画 → 製図図面検討 → 手順計画作成 → 中日程計画作成 → 工程案作成 → 内外製区分案作成と見積書作成検討 →

SE（サイマルティニュアスエンジニアリング）およびCE（コンカレントエンジニアリング）手法で、引き合いから設計開発段階で概ね検討を済ませておく

生産管理　進捗の管理

引き合い試作段階 → 設計開発 → 工程設計 → 生産準備 → 量産品質確認 → 量産開始

転写　転写　転写　転写

試作開発試験

生産技術　転写の管理

→ 見積集約発注先決定 → 内外製区分決定 → ★工程見直し → ★工程系列検討 → ★工程経路検討 → ★ライン形成検討 → ★レイアウト検討

→ ★流し方検討 → 工程計画書作成発行

注）★は人的ミス防止を検討すべき段階を表す

忘却曲線

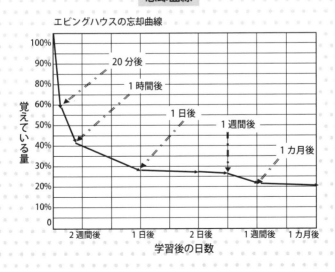

エビングハウスの忘却曲線

20分後
1時間後
1日後
1週間後
1カ月後

覚えている量

100%
90%
80%
70%
60%
50%
40%
30%
20%
10%
0

2週間後　1日後　2日後　1週間後　1カ月後

学習後の日数

4-8　FP・フェイルセーフを活用する

➡ FP（Fool proof）：失敗させない仕組みとは

人は覚えても忘れ、覚えていても間違える、緊張作業は続かないという特性を持っている。これらを計画段階で、工程設計と準備段階に織り込むことが理解されていれば、その対策をどのようにすべきかあらかじめ検討することに気づくはずである。

この仕組みが**FP＝ポカよけと言われる**。当初は「バカよけ」と呼ぶ企業もあったが語弊が悪く、システムの目的としては人間の基本的な特性で避けられないうっかりしたミスの対策を、作業者に押し込めてはならないことからFPが使われるようになった。

➡ フェイルセーフ：失敗しても補助する仕組みとは

FPを構築しても、人は失敗をする。FPを用いて失敗の確率を低下させても、危険率は0とはならない。そこで失敗による影響度、失敗の確率、失敗を発見する確率や方法を評価する方法（FMEA・FTA）を使い、重篤な影響や頻繁に発生する失敗、後工程や市場へ流出する危険性の高い失敗を重点的に押さえ込む。影響度や確率、流出性を評価した後、失敗のそれらの危険性を低下させる処置を講ずることが求められる。この検討過程で、FPの検討も行う。

フェイルセーフは、FPに失敗しても安全側に動く仕組みのことである。たとえば、間違ってONボタンを押さないように、ボタンにフタを設置する工夫をしても押してしまうことが想定される場合は、押した後にもう一度押さないと起動しない仕組みや、ブザーが鳴るなどが考えられる。あらかじめどのような誤操作をするのか想定が必要であるが、工程でFPをかけても誤動作させる事例が発生したときはすみやかに対策する。

Point

◆ FMEAやFTAを使って失敗の影響評価を行い、失敗の総量や重篤性を低下させる。

◆ FPとフェイルセーフはセットで使う。

FPの基本的な仕組みづくり

ポカよけ＝FP　◀ 失敗しないための仕組みづくり

4M で失敗する事例を検討し、あらかじめ対策する
どこまでハードウェアで、どこからをソフトウェアで対応す
るか品質コストや経営方針も含めて考える

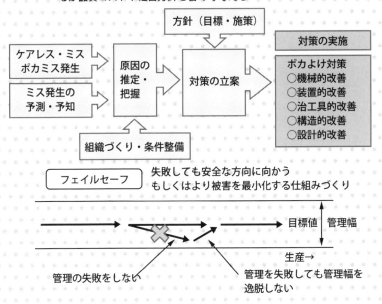

方針（目標・施策）

| ケアレス・ミス ポカミス発生 | → | 原因の 推定・ 把握 | → | 対策の立案 | → |
| ミス発生の 予測・予知 | | | | | |

対策の実施

ポカよけ対策
○機械的改善
○装置的改善
○治工具的改善
○構造的改善
○設計的改善

組織づくり・条件整備

フェイルセーフ　失敗しても安全な方向に向かう
もしくはより被害を最小化する仕組みづくり

目標値｜管理幅

生産→

管理の失敗をしない

管理を失敗しても管理幅を
逸脱しない

フェイルセーフの仕組みづくり

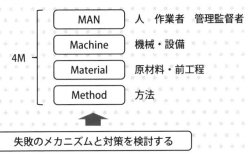

4M	MAN	人　作業者　管理監督者
	Machine	機械・設備
	Material	原材料・前工程
	Method	方法

失敗のメカニズムと対策を検討する

○FMEA=Failure Mode and Effects Analysis
「故障モード影響解析」

○FTA=Fault Tree Analysis
「故障の木解析」

4-9 説明責任を果たす

経営者の責任

　組織活動は活動の目的が明確でなければ、組織の構成員は効率的な活動ができているかどうかの判断ができない。企業は適正な利益を得る活動を通じて存続し、ステークホルダーと社会に貢献する活動体である。そのため経営者は、組織目的と活動のための経営資源を確保し、現状を把握し、組織目的（あるべき姿）との乖離を課題として明らかにして、組織に実行させなければならない。

　経営資源の一つである情報は、発信側が発信する根拠や周辺情報も得ており、情報の受け側より圧倒的な情報量を有する。そのため、情報の受け側は唐突感や理不尽感を持つこととなる。これを情報の非対称性と呼んでおり、組織の活動が間違う原因となることが多い。これを回避するには以下の事項を念頭に対策を検討する。

　○発信側に情報の伝達精度の責任がある
　○現状と課題の共有化を図る
　○あるべき姿を明確にする
　○課題の解決はステップ・バイ・ステップと階段の踊り場のような段階を設けて、振り返りと気づきの機会を与える

企業活動の修正はためらわない

　一度決めた活動目的や対策方法について、その後発生した周辺情報や社内要因によって活動に修正が必要になる場合がある。そのときは、躊躇せず活動を修正しなければならないが、組織に対する情報発信は丁寧に理解させた方がよい。

　「朝令暮改」をためらわず良い意味での「君子豹変す」でなければ、現代社会における急速な変化には対応できない。そのためには、定期的・臨時的な情報の共有化の場を設けることが求められる。通常組織では対応が困難な場合は、プロジェクトや直轄臨時組織を編成して対応することになるが、その場合でも関係者には事前に情報を発信して理解させるべきである。

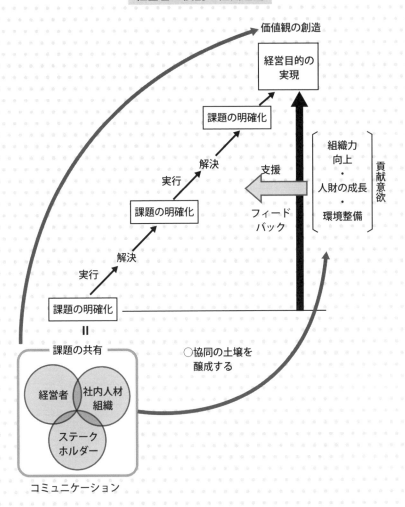

経営者の役割と組織活動

価値観の創造

経営目的の実現

課題の明確化

解決

実行

課題の明確化

支援

フィードバック

組織力向上
・
人財の成長
・
環境整備

貢献意欲

解決

実行

課題の明確化

課題の明確化
=
課題の共有

○協同の土壌を醸成する

経営者　社内人材組織

ステークホルダー

コミュニケーション

P oint

◆ 情報は発信側と受け側で不等であり、情報の非対称性に留意する。

◆ 人材は課題を解決していくことで育成される。適切な課題を設定することが必要。

4-10 SDCAでルールをつくる

➡ ルールをつくる目的

　工程管理の統制は、必要かつ十分に実施しなければそれ自体がムダであるから、原因→真因にたどり着き、有効な対策案を策定して実行することが必須となる。対策実行プロセスにおいて、まず現状把握から始めることが有効であるが、以下のようなことが理由で対策が進まない例も見られる。対策実行の一連のプロセスにおいて極力避けたい事項である（1-10項と関連）。

○4Mの中の「方法」がバラバラや決められていない場合、ヒアリングや調査に時間がかかる

○4Mの中の「設備・材料・人」のトレーサビリティが明確ではない場合、調査対象範囲が拡大してしまう

○いつもと異なる作業方法を採ったのか、作業方法自体に原因があったのかが判別できない

こうしたことに陥ると暫定処置で様子を見たり、作業者へ注意喚起したりするなどの場当たり的で、効果が期待できない対策を打つことになる。しかし、ルールをつくって守る工程の統制が実施されていれば、ルールの抜けや漏れなどの不備であったのか、守っていなかったのかなど守っていても不十分であったのかなど現状把握の出発点とすることができる。

➡ SDCAを回す必要性

　ルールをつくる段階は、工程設計段階～生産準備段階での工程管理項目が決定され、工程での品質特性と良品条件が決定されてQC工程表や作業標準類が作成される時点である。この段階では机上の検討も混在しており、それを2-2項で解説したHVTにより、量産開始までに問題点のつぶし込みを行う。しかし、量産開始後に見直し作業がなされないことが多く、工程内不良率の増加や市場での流出不良を機に見直される事態となる。

　そこで、工程内のやりにくさや気遣い作業を発見し、ルールを見直していく作業が必要となる。その上で、工程内の問題解決がわからないなど対策レベルを上げなければならない場合は、PDCA（CAPDo）に移行すればよい。

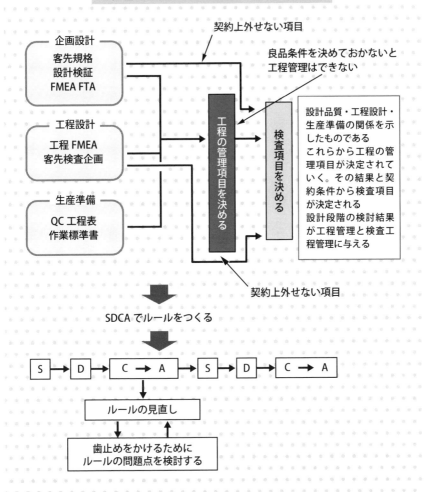

工程管理項目の決定要素からSDCAを回す

契約上外せない項目

企画設計
客先規格
設計検証
FMEA FTA

良品条件を決めておかないと
工程管理はできない

工程設計
工程 FMEA
客先検査企画

工程の管理項目を決める

検査項目を決める

生産準備
QC 工程表
作業標準書

設計品質・工程設計・生産準備の関係を示したものである
これらから工程の管理項目が決定されていく。その結果と契約条件から検査項目が決定される
設計段階の検討結果が工程管理と検査工程管理に与える

契約上外せない項目

SDCA でルールをつくる

S → D → C → A → S → D → C → A

ルールの見直し

歯止めをかけるために
ルールの問題点を検討する

Point

◆ ルールをつくることから工程管理はスタートする。

◆ ルールは守った上でルールの不備を対策する。

4-11 「守れないルールは守らない」にしない方法

➡️ 守れないルールを放置すると工程管理が崩壊する

ルールは、定めて守って問題点をつぶしていくことが、工程の安定と維持・向上を可能とする出発点となる。守れないルールを設定した責任は管理側にあるが、だからと言って、守らないことを容認すると工程の正しい姿を見ることも、それをもとに維持管理状態を把握することも、適切な対策や予防処置を行うことも不可能となる。「馬なり」と言われるような、馬が歩きたい方向に進むだけの工程になってしまう。

とりあえず工程内不良や市場での流出不良について、そうした事象を聞かないから上手くいっているのだろうという解釈は、目をつぶって車を運転するようなものである。工程要素のMan（人）は自工程の担当部署の情報しかないことから、ルールを守らないことを良かれと思い、簡単・単純化でVEしたと思い込んでいる。

ルールの遵守状態を確認することが管理の基本である。そのために管理監督者が存在する。次ページ上図に代表的な管理項目を挙げたが、品質特性により使い分けたい。「監査」は該当する管理者自らが行うが、相互に他部署の状態を監査して、私情をはさまないようにすべきである。相互監査は、全体最適化を図る上で工程間の連携を促すことも期待できる。

➡️ 監査シートの活用

工程に入って観察する場合は、漫然と見ていても気がつかないため、次ページ下図に例示したような簡単な監査シートを活用する。これらは、カルテとしてとらえれば、繰り返しルール不遵守の状態が把握できることや、改善効果の確認にも使うことができる。

さらに後日、工程4Mが原因でQCDに問題が発生した場合に、監査が不適切だったときの反省にも使える。これをSDCAサイクル化することで、監査シートの充実化が図れるのと監査ノウハウが構築できる。工程の管理監督者が交代した場合、工程の管理状態の引き継ぎが円滑に行われる。

138

工程でルールを守る工夫

管理責任者の役割

```
量産初期流動管理
が終了し、工程が
安定状態に入った
ことが前提
```

「守れないルールは守らない」にしない方法

一般的には PDCA（Plan-Do-Check-Act cycle）であるが
SDCA（Standardize-Do-Check-Act cycle）から実施する

工程でルールを守る

監査	下図の監査チェックシートを使用して 管理監督者が採点する
チェックシート	QC7つ道具の「チェックシート」を使い 自主管理する
業務日報	操業日報にルールが守られたか記述する
管理図	工程の特性値の傾向からルール順守を確認する
IE	Industrial Engineering 法の 「稼働分析」「時間研究」手法を用いる

工程監査チェックシートの例

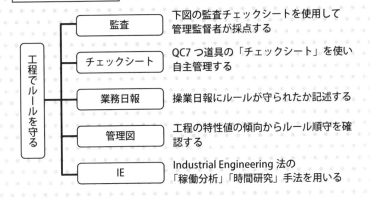

工程監査チェックシート例

Point

◆ 監査チェックシートは点数法で記録するとデータ化しやすい。

◆ 実施時期は、4M変化点の多少や重要品質工程かどうかで決定する。

4-12 ルールを安易に変更しない

➡ ルール遵守の前提で各工程は活動する

工程管理の基本は自工程完結である。このとき、「後工程はお客様」の考え方でQCDを自工程保証で後工程に流すため、後工程は前固定からの品質確認をする必要がない。

工程ごとに後工程への払い出し前検査を行い、後工程は受け入れ検査をしているようではムダが排除できないし、リードタイムも長くなる。そこで、全体最適化した各工程のルールを各工程が遵守することで、最小のコストにより付加価値の最大化が可能となる。

➡ ルールの変更をためらってはQCDが安定化しない

ルールを遵守した上で、工程の安定化に不都合があれば原因を調査し、真因を確認し、対策を実行する。ルールの変更に躊躇する必要はないが、前後工程は当該工程にルール変更を知らされないと、前工程のルール変更によるQAネットワークに穴があいてもわからないため、不具合が発生するまで不良をつくり続けることになる。

なお、ルールの変更には変化点管理が有効である。次ページ上図は変化点が発生した時点で仕掛品に添付する「変化点カード」の事例である。運用は以下の通りとなる。

　○事前変化点：設計変更や工程変更など事前に発生がわかる場合
　○事後変化点：4Mの突発的に変更がかかった場合

ルールを変更した場合は、事前変化点として認識できるから自工程で発行し、記録を記載し、添付して後工程に流す。なお、設計変更や工程変更は、重大な品質トラブルの発生原因となるため、別途DRや手続書の発行システムを構築するとよいだろう。

Point

◆ ルールは、必要であれば変更しなければならない。
◆ ルール変更とその結果は工程間で情報共有しなければならない。

変化点カード

QCDの安定化

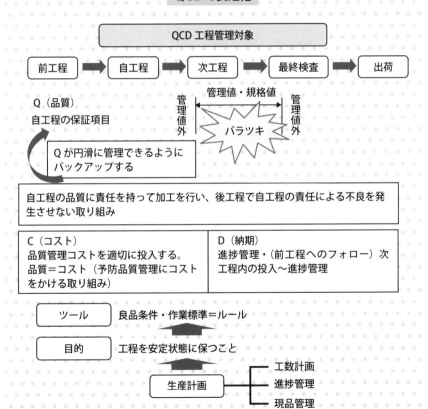

Column 4

構えられない管理者

　ある航空会社は無事故記録が続くと、喜ぶどころか身構えると聞く。潜在的な事故の可能性は常に存在する。本章では、FMEAやルールの遵守について述べてきた。20階建てのビルから落ちたらほぼ死亡するが、危険を感じずに20階のフロアーに滞在できるのは、幾重にも組み込まれた安全管理や装置のおかげである。しかし、窓から落下する可能性が例えわずかでもあれば、安全の担保は、安全管理や装置の維持管理で防止しているに過ぎないと言える。

　航空会社はそれを十分理解しているから、無事故状態は偶然の結果と疑うのである。ところが管理者の中には、事故がないのは事故の原因が消滅した、と勘違いするから事故が再発する。たとえば、検査で不良が発生していないのは、工程管理がうまくいっているのではなく、検査の検出力が落ちて市場でくすぶっているかもしれないと身構えることができない。まして、エビデンスがなく検査をムダと決めつける管理者が、「ムダ取り力」が優れていると思い込み得意気になっているのを見ると、配下の工程管理や品質保証部門に同情を禁じ得ない。ムダ取りのできない管理者は悪であるが、必然とムダの差が理解できない管理者は最悪である。

　昨今の市場での品質不祥事は、コスト優先で必要な管理を嫌った管理者や経営者が原因と言える。これくらいは大丈夫で「行ってしまえ！」という管理は、車がめったに来ないからと確認もせず赤信号を渡るようなものである。私はこれを「イ

テマエ管理」と呼んでいる。聞かされる部下の方は「ああ！ また始まった。言い出したら聞かない」と盲従し、全体の士気低下を招いていることがわかっていない。

第 5 章

統制管理を
全社的に進める

誰が見ても統制のわかる工程にする

➡️ 工程の安定化をより強化する目的

工程の安定化をより強く図る目的は、ねらいのQCDを、4Mという付加価値を増大する装置において、より少ない経営資源（人・物・金）の投入でより多くの付加価値を得るためである。その手段として、工程管理という受動的な取り組みから統制という能動的な取り組みに変えていくべきである。次ページ上図は工程管理の従来の仕組みを示し、工程安定化に向けて維持・向上を図ることが管理の主体であった。

➡️ 工程内で異常を発見する

工程管理の基本は、異常を続けないことである。そのためには異常をつくらない仕組み、異常を発見する仕組み、異常を後工程に流さない仕組みを効かせる。「見ると観る」「聞くと聴く」「体験と経験」はいずれも異なる。目に映っていても見ていない、見ていても認識していない、認識しても行動に移れないことが多いと、管理は空回りする。

異常がわかることは、異常の定義が明確であることの証であり、良品は異常な状態ではない工程からつくられる。たとえば、工程管理者に「現在の管理下の工程は正常ですか」と質問する。「問題ありません」と回答があった場合、「それはなぜ言えるのか？」とナゼナゼを問いかけてみる。正しく答えられるだろうか。能動的な管理を行っていれば答えられるであろう。目的を持って、どこを管理すべきかを自主的に考え、実行することが統制力となる。

一般的な例を挙げると「今、あなたは健康ですか？」「健康です」「なぜ、そう言えますか？」「病気ではありませんから…」は正しい回答であろうか。実は癌が進行しているかも知れない、明日くも膜下出血が起きるかも知れない。これは、「不良が発生したとは聞いていないから工程が正常」と言っているようなもので、不良の芽から目を逸らす工程管理者の行為を表している。不良の芽に目を向ける管理の実施は、能動的な管理が統制力となる。異常の定義は個々の工程が考えつくことではない。全社的な統一化がされていなければならない。

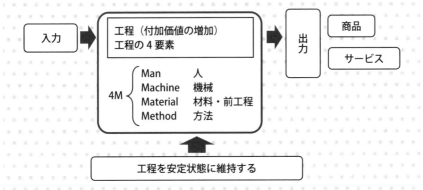

一般的な工程管理

入力 → 工程（付加価値の増加）
工程の4要素

4M
Man　　人
Machine　機械
Material　材料・前工程
Method　方法

→ 出力

商品

サービス

工程を安定状態に維持する

異常の発見が行いやすい仕組み

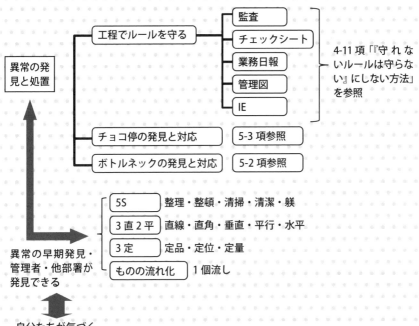

異常の発見と処置

工程でルールを守る

監査
チェックシート
業務日報
管理図
IE

4-11項「『守れないルールは守らない』にしない方法」を参照

チョコ停の発見と対応　5-3項参照

ボトルネックの発見と対応　5-2項参照

5S　整理・整頓・清掃・清潔・躾
3直2平　直線・直角・垂直・平行・水平
3定　定品・定位・定量
ものの流れ化　1個流し

異常の早期発見・管理者・他部署が発見できる

自分たちが気づく

Point

◆ 異常がわかる能動的な工程管理力をつける。

◆ 不良が発生していないのではなく、見たくないからの行動の結果と考える。

5-2 ボトルネックはわかっているのか

➡ ボトルネックの弊害

　次ページに図示したように、満水のボトルをひっくり返すと勢い良くボトルの中身がこぼれ落ちる際に、ボトルの口元の開口面積により流出が制限されることからボトルネックと呼ばれている。片側2車線や3車線の高速道路が1車線に規制されていると、渋滞が発生するのはまさに同様の現象である。

　工程がつながって構成されている場合に、1カ所単位時間当たりの処理量が低い工程があると、その前後工程で手待ちのムダが発生する。ただし、現象面だけ見ていても真因を把握することはできない。

➡ ボトルネックの発生原因

　ボトルネックは、現象であって原因でも真因でもない。また、ボトルネックは移動する。ボトルネックが発生する原因の一つに、生産計画段階でラインバランスの検討不足があったことによる工程設計の失敗が挙げられる。このほか作業ミスを誘発したり、気遣い作業を強要するチョコ停の放置がある。FPやポカよけが不十分な工程を放置した結果、作業者が問題を挙げなくなってしまったことが背景にある。

　工程能力が確保されていないこともボトルネック発生要因となる。これは工程設計の失敗の一つだが、品質不良が絡む失敗である。工程能力CPkは一般的に1.33以上[注1]を確保したいが、規格値や工程管理値幅に近い状態で工程の特性値がばらつくと工程内不良が多発し、管理者は作業者教育で乗り切ろうとする。さらには、作業者の能力の質について均質化を図ろうとする。4Mの安定化の対策としては有効であるものの、本質的に工程能力を備えていない工程管理の失敗を作業者に押しつける管理は、作業者に常に緊張を強いる。そのため、続かない緊張状態によりミスを誘発し、悪循環となるのである。

　また、作業者の力量管理の失敗も遠因となる。作業標準を整備し、定められた力量を確認して工程に作業者を配置する場合、完熟訓練後であっても不慣れな状態はしばらく続く。その間に力量を確認し、不足部分の補完や再教育を実施することを省略することで発生する。ほかにも、一時工程から配置転換など

ボトルネック

ボトル

ボトルの口径は
OUTPUT を決める

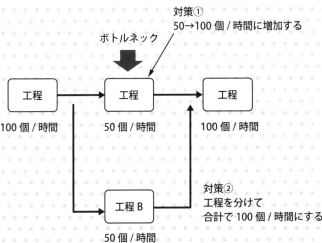

対策①
50→100 個 / 時間に増加する

ボトルネック

| 工程 | → | 工程 | → | 工程 |

100 個 / 時間　　　50 個 / 時間　　　100 個 / 時間

工程 B

対策②
工程を分けて
合計で 100 個 / 時間にする

50 個 / 時間

注 2）工程 A と B のいずれで生産したのかトレーサビリティを確保すること

注 1）：CPk ≧ $\dfrac{(UCL-LCL) \div 2}{+3\sigma または -3\sigma の小さい方の絶対値}$ （31 ページ参照）

で離れた作業者を復帰させる場合に力量確認方法を定めておらず、作業ミスや所定の作業時間が守れないことが発生し、ボトルネックをつくってしまう。

➡ ボトルネックの解消策

ボトルネックの解消には、各工程のタクトタイムを揃えるのが基本となる。前ページ下図のように、工程分割をかける例が一般的である。また、工程Aを改善することも行うべきである。

同時に作業者訓練を徹底させる。たとえば、スキルマップの活用は作業者自身のモチベーションアップにつながる。力量不足の配置や配置復帰にも活用できる。多能工化訓練計画にも応用できるため、導入を推奨する。過去、国によってはこれらの情報公開をためらうことが多かったが、現在では評価の透明性や情報の共有化、問題点の明確化に有効との認識から公開が進んでいる。

➡ ボトルネックを発見するには

ボトルネックを発見することが必要である。「ボトルネック」の発生原因と現象が理解されていれば、IE手法を利用したり、ビデオ撮影して動作を観察したりすることや、不良率や工程の特性値を分析すればボトルネックの存在が理解できる。ボトルネックは1工程を改善すれば他工程に移動していくため、常に工程の異常を見つける活動を行うようにするとよい。

次ページ下図はボトルネックを発見するツールであるが、これらはIE手法の一部である。工程が複雑な流れを採る場合、機台の空き待ちで手待ちのムダが発生するほか、仕掛品が停滞や運搬でムダが発生しているかなどを分析できる。最も簡単な方法は、少し離れた場所からビデオで俯瞰して撮影し、早送りしてみると概要をつかみやすい。運搬が多いか、手待ちのムダが多いか、チョコ停が簡単に見つかる。工程が連鎖している場合は、1個流しを採用すると滞留工程がリアルタイムで把握できる。

Ⓟoint

◆ ボトルネックは手待ちのムダに直結する。

◆ ボトルネックは現象であり原因ではないから、解消するための調査を行って対策を実施する。

◆ ボトルネックは対策すると移動していくため、次のボトルネックを探す。すべて変化点管理で行う。

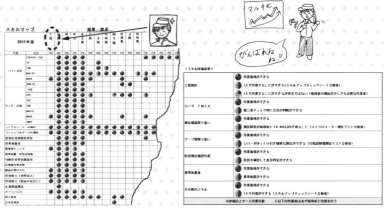

効果	留意点
各作業者の習熟度が周知される	掲示する場合は趣旨の説明を十分しておく
教育計画立案が容易となる	別途教育計画書を作成するか、スキルマップの該当欄に教育予定日を記入してもよい
作業者のモチベーションが上がる	処遇との関係をあらかじめ整理しておくこと
自作業の責任意識が高まる	降格方法についてあらかじめ取り決めておく

異常の発見が行いやすい仕組み

多品種工程分析事例

工程名／製品名		工程1	工程2	ボール盤	フライス盤	中ぐり盤	平削盤	研磨盤	検査
1	A	①	②			③	④	⑤	⑥
2	B	①	②	④	③	⑤			⑥
3	C		①	②		③			④
4	D		①	②		③			④
5	E	①	②	③					⑦

製品工程分析事例

※折れ線左の『加工』に触れるほど生産性が高いことになる

No.	工程内容	時間（秒）	距離（m）	加工	運搬	貯蔵	検査
1	部品在庫	-	-				
2	プレス機へ	65	15				
3	U曲げ	25	-				
4	めっき場へ	27	3				
5	電気めっき	45	-				
6	検査	60	-				

工程分析基本図記号

要素工程記号の名称記号		
加工	加工	○
運搬	運搬	○
停滞	貯蔵	▽
	滞留	D
検査	数量検査	□
	品質検査	◇

付加価値を生むのは加工のみ

統制が崩れる前兆は
チョコ停

➡ チョコ停の危険性

　設備を使いたいときにその機能が発揮できる状態にあることが、4Mのうち設備（Machine）の管理要件として可動率で示される。設備は計画的な停止状態を除いて、必要なときに必要なだけ使えないことを設備総合効率の効率低下項目として挙げている。その中で最も注意すべきはチョコ停である。

　可動率を下げる最大の項目としては段取り時間や立ち上げ・立ち下げが目立つことが多いが、現象がわかりやすく管理は比較的容易である。一方でチョコ停は、目立たない、頻繁に発生する、品質不良を内在することが多く、現場の士気を知らず知らずの間に崩壊させる危険性を持っている。

　安全と品質は同根である。ルールが存在しない、ルールが守られない工程には品質不良と人身事故が多い傾向にある。これは、現象が物か人かの違いだけであって、工程管理の失敗の現れ方が異なって出ただけだからと言える。

　重大な死亡事故の陰には23件の重度な事故が顕在化し、300件の潜在化したヒヤリ・ハット（ひやりとしたり、ハッとするような体験）があると言われる経験則である。チョコ停は、このヒヤリ・ハットに相当する。頻繁に発生するため、いつか慣れてしまって慢性化し、重大な故障や不良が発生するまで気がつかないことになる。

➡ 故障の顕在化

　次ページ下図は、設備故障がチョコ停段階から顕在化する故障段階への過程で織り込まれる品質不良の可能性を示した。チョコ停は、「異常・潜在的問題」段階から不具合や微欠点などの軽微な品質不良として、工程で確認されることが多い。しかし、チョコ停であるからと言って対策が採られないと、顕在化した時点では製品に欠陥が織り込まれて市場へ流出することになる。

　工程内においてこのような現象が繰り返し発生した場合、現場の士気は確実に低下する。理由は、作業者やそれに近い工程管理者はチョコ停に悩まされ続けていたからである。

　当初はチョコ停を認識して、工程管理者に現象の報告を挙げていることが多

い。ここで適切な対応を打っていれば、工程管理の失敗は工程全体のノウハウになるが、放置した結果により悪化を招いたのであれば、工程管理責任の放棄や無力感が植えつけられることは必至である。

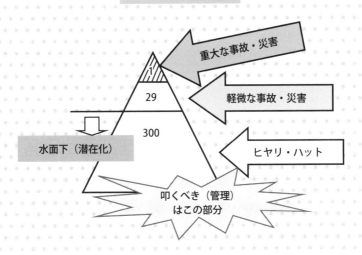

ハインリッヒの法則

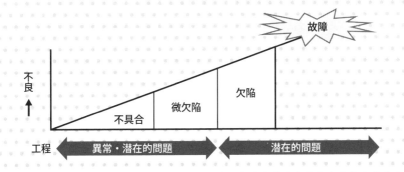

故障の顕在化と品質不良

Point

◆ チョコ停は放置しない。

◆ チョコ停を工程から問題点として挙げてきた場合は、対策の経過報告を行い、情報と責任の共有化を図る。

成果が見えるために測定結果を活用

⇒ 工程の4Mは+1Mが必要

　工程管理精度を向上させるためには、工程の真の姿を見なければならない。工程の維持と向上は、3-1項で解説したようにモチベーションをいかに活用するかがカギとなる。モチベーションについては、同項でマズローの欲求5段階説に沿って説明した。工程従事者や作業者はルールに沿って課業をこなしていく中で、どのようにモチベーションを向上させることができるか。失敗を積み重ねた体験を経験に変えて学ぶことが大切だ。何よりも成功体験が欲しい。

　たとえばダイエットに挑戦するにしても、日々の食生活の工夫や運動管理でどの方法に効果があったかわからないと失敗が活かせないし、どこまで成果が出ているかわからなければ続けるのが辛くなる。毎日体重計や体脂肪計で測定してグラフにつけ、ダイエット管理項目と体重の変化が相関すれば、失敗を活かし成功を喜べる。効果が発現すれば、さらに目標を掲げてチャレンジする意欲が湧く。モチベーションの源泉は、原因と結果の関連性を数値的に表現し、PDCAを回せることにあると言えよう。体重計が管理値に対して十分な精度であれば測定値は信頼され、結果として受け入れることができる。

⇒ 1M（Mesurement）を有効活用する

　1Mは、ダイエットで例えるなら、ダイエット効果が体重で代用特性値として使用でき、測定可能性が保証されなければならない。次ページの図は、成果を積み上げるための構造である。初回の成果が得られ、歯止めをかけて次の成果を体験する。2回目の成果は1回目の成果より、あるべき姿に近づいている効果の有意性が測定できなければならない。

　有意性とは、測定誤差によるものではないという検証結果を指す。有意性を確保するためには、測定データの取り方（サンプリング）に注意が必要である。有意サンプリングとは、工程の特性に十分なノウハウがあり、サンプリングに妥当性が存在する場合に有効である。たとえば、金型の刃の摩耗が使用回数で増加するなら、ランダムサンプリングよりも一定回数ごとのサンプリングとする方がよい。

1Mの活用

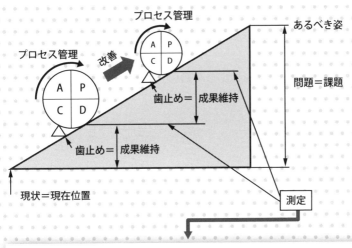

```
母集団とサンプル
○母集団 … 繰り返しの中で同じものであるということが仮定（一定の誤りを含む）
         できるような集団 ← 品質特性のばらつき全体
         母集団がわかれば対策が打てる ← データ解析
○サンプリングと誤差
  サンプリング … 母集団の情報を取る
                  ↑      ┌ 目的 ┐
        偏りなく取る ┤ 方法 ├ データ数
                  └ 過去のデータ
                                    ┌ ランダムサンプリング
  サンプルの種類 ┤
                  └ 有意サンプリング ← 使わない方がよい
                                        ┌ 測定方法
  誤差 … 測定には必ず誤差が含まれる ┤ 機器
                                        └ 測定者
  データの信頼性 ┬ サンプル採取における信頼性 … 母集団を代表しているか？
               ├ 測定の信頼性 … 正しく選択
               └ 記録の信頼性 … 最も重要
```

P oint

◆ 成果を見える化すると、モチベーションが向上する。

◆ モチベーションは成功体験が必要である。

◆ 測定に使用するサンプリング方法はノウハウに依存する。

不具合発生の真の原因をつかむ

➡ 工程の4Mの不安定要因を知るための情報

　サービス業と製造業（ものづくり）の工程管理は、4Mという付加価値を変換する装置を安定的に管理する基本的な管理手法は同一であることを1-12項でも説明した。また、同時性という工程管理の結果がその場で確認できることをサービス業の特徴として述べた。

　サービス業においても、サイレントマジョリティは多数存在する。したがって、サービスの質に不満を抱いてもその場で結果を伝えずに黙って去って行く顧客に対して、結果は売上や利益や風聞・評判という形で時間的に遅れて返ってくる場合も多い。製造業の工程管理は、顧客や市場がどのように評価しているのか情報量は少なく、工程管理の正しさの確認がサービス業以上に難しい。

　ものづくりの工程において、クレーム情報はその取り扱いによっては重要な工程管理情報となる。これらを厄介な案件とせずに貴重な情報として利用し、改善行動を起こすことが求められる。

➡ 得られた情報の活用

　次ページ下図に、市場クレームなどの外部情報の対応フロー例を示した。市場から突きつけられた問題点の明確化作業を行うために利用する。その場合、費用対効果も同時に検討する。

　費用対効果とは「品質コスト」と同義であるが、ここではブランド性や社会的信用性なども考慮するため、広義の経営的判断も加えた「品質コスト」とする。問題点が明確化されれば要因の解析を行い、主要因を選定する。これら一連の作業には、仮説を立てて検証することを前提にしないと場当たり的な対策になりかねない。クレーム事案の再現は可能な限り行った方がよい。

Point
- ◆ 市場クレームは貴重な情報源として扱う。
- ◆ 問題点の整理とクレームの再現で、クレームとなった原因の仮説を検証する。

市場クレームの情報内容

市場クレーム（流出不良）

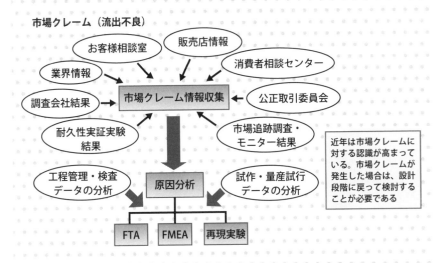

お客様相談室
販売店情報
業界情報
消費者相談センター
調査会社結果
市場クレーム情報収集 ← 公正取引委員会
耐久性実証実験結果
市場追跡調査・モニター結果
工程管理・検査データの分析
原因分析
試作・量産試行データの分析

FTA　FMEA　再現実験

近年は市場クレームに対する認識が高まっている。市場クレームが発生した場合は、設計段階に戻って検討することが必要である

問題点の明確化から対策までの流れ

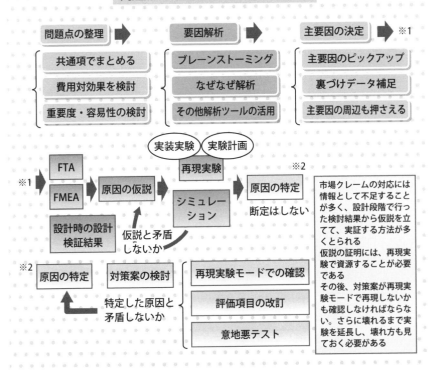

問題点の整理 ➡ 要因解析 ➡ 主要因の決定 ➡ ※1

共通項でまとめる
費用対効果を検討
重要度・容易性の検討

ブレーンストーミング
なぜなぜ解析
その他解析ツールの活用

主要因のピックアップ
裏づけデータ補足
主要因の周辺も押さえる

実装実験　実験計画

※1 ➡ FTA
FMEA
原因の仮説
再現実験
シミュレーション
原因の特定
断定はしない
※2

設計時の設計検証結果
仮説と矛盾しないか

※2 原因の特定
対策案の検討
特定した原因と矛盾しないか

再現実験モードでの確認
評価項目の改訂
意地悪テスト

市場クレームの対応には情報として不足することが多く、設計段階で行った検討結果から仮説を立てて、実証する方法が多くとられる
仮説の証明には、再現実験で資源することが必要である
その後、対策案が再現実験モードで再現しないかも確認しなければならない。さらに壊れるまで実験を延長し、壊れ方も見ておく必要がある

5-6 不具合の是正処置は再発防止

➡ 不具合の是正処置の前にすべきこと

　市場や客先からクレームなどのQCDに対する不具合情報が入ると、当面その対応に追われることになる。発生してしまったことは嘆いても仕方がないことで、真摯に対応することと被害拡大の防止が最優先となる。一方で、以下の点を押さえておくことも求められる。

　○被害規模の想定：どの生産ロットから発生したか確認する。不具合現象から仮説を立てて、工程の4Mの変動記録（変化点管理がされていれば精度は向上する）から規模の推定を極力正確に、迅速に曖昧部分を含めて実行する

　○不具合の発生を抑止：被害規模の想定と同時に手を打ち、推定した原因工程を止める。工程の管理記録から遡って、被害規模が想定された範疇がSCMの経路上にあれば回収を実施する。このとき現実的な距離は関係なく、むしろ海外市場への流出は被害規模を拡大するため最優先対応とする

　○関係各所への報告連絡

➡ 不具合の是正処置

　人体で例えるなら失血を止めた段階が終わり、治療を行う段階となる。次ページ下図にその一例を示すが、原因と対策が確定されるまで暫定対策を行う。この段階の留意点を以下に述べる。

　○検証行動によって仮説が採用され、対策効果が再現性テスト結果で有意性が立証された場合でも、影響度は低いが見つけられていない原因があることを備忘しておく

　○是正処置は工程変更を伴うため、4Mの変化点を発生させる。変化点管理を実施する

　○変化点管理で行う初期流動管理を実施する。是正処置を実施した工程は、この段階で再度変化点管理の失敗から市場クレームを発生させることが多い

　○得られた体験は経験となり、知見ノウハウとなるが、標準化を必ず実施しておく

不具合の是正処置は再発防止と効果の確認

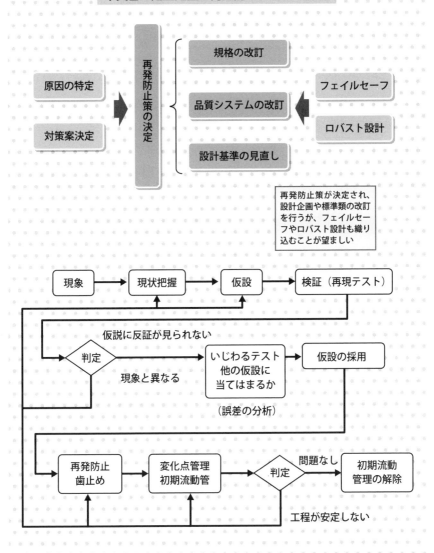

再発防止策が決定され、設計企画や標準類の改訂を行うが、フェイルセーフやロバスト設計も織り込むことが望ましい

原因の特定
対策案決定

→ 再発防止策の決定

規格の改訂
品質システムの改訂
設計基準の見直し

← フェイルセーフ
ロバスト設計

現象 → 現状把握 → 仮設 → 検証（再現テスト）

判定

仮説に反証が見られない

現象と異なる

いじわるテスト
他の仮説に
当てはまるか

（誤差の分析）

仮設の採用

再発防止
歯止め → 変化点管理
初期流動管 → 判定

問題なし

初期流動
管理の解除

工程が安定しない

P oint

◆ 不具合の対策は、暫定処置で終わってはならない。
◆ 再発防止は変化点管理を伴う。

5-7 水平展開を確実に実行する

➡ 水平展開とは

　工程管理において、4Mの変動や工程変更、設計変更による事前変化点発生が行われた場合、客先や市場でクレームや不具合（QCD）が発生し、是正処置を講じる。歯止めや変化点管理、初期流動管理を実施することで一連の作業は終了ではなく、類似の問題を抱えている潜在的な工程の洗い出しと対策が欠かせない。さらに、水平展開（省略して横展＝ヨコテン）を実施しなければならない。

　客先や市場から製造工程を眺めると、また不具合を発生させないかと不安に感じるのは当然で、企業不祥事が近年多発している。その根底には、複雑化する製品仕様とそれに伴う長く海外まで延びるSCM、年々強化される法規制などが影響している。工程を取り巻く環境により工程管理が難しくなり、外部から見えにくくなっていることが理由でもある。

➡ 水平展開を実行するときの注意点

　工程管理における水平展開の作用部分を次ページに図示する。これを、工程統制を強化すべき部分に展開する。

　○不具合の現象発生から歯止めや標準化まで逐次水平展開するが、情報の精度や強制力を無視して垂れ流すと、仮説も入っている段階の情報は展開された部署の判断のミスリードを発生させる。情報が非対称であるため、情報の受け手は精度と正誤の判断に迷う。「体験」「経験」「知見」「ノウハウ・専有技術」のどれかを明確にして伝達する

　○水平展開は連絡、情報、指示のいずれかを明確して伝達する

　○知的財産（知財＝特許、実用新案など）は、公知段階で独占使用権の登録ができなくなるため注意を要する。公知段階には、客先へのデモンストレーションや公式の報告会も含まれる

　水平展開には、工程管理を向上させるために工程の統制力を発揮することとなる。以下に留意して進める。

　○強制性：指示には5W1Hで明確にし、徹底期限を設ける

○期限性：徹底期限までにおいて、徹底しているか確認する
○維持性：次の指示が発行されるまで維持されているかを、点検や自主点検によってSCMを含む工程から返してもらう
○確実性：維持性が確認されたら、それが有効であるエビデンスを定期・不定期で現地、現物、現認する

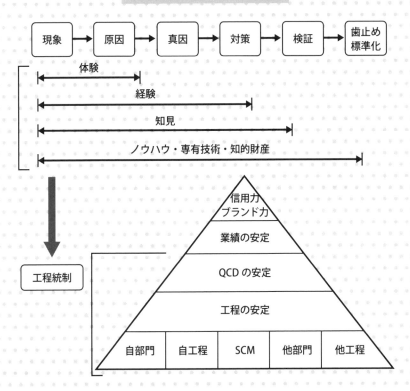

不具合対策段階と水平展開先

5-8 社内規格化は信用力を高める

規格化とは

QCDの不具合対策において歯止めや標準化を行い、水平展開を実施すればほぼこの段階で終了する。QAとしては、ここで効果は発揮できる。しかし、ブランドの構築に成功している企業は、社内規格へ織り込んで体系化することでブランド維持を図る。

たとえばSCMが海外まで延長している現在では、SCMに加わる条件として、SCMの最終発注者の規格で統一化がされることで最終発注者のブランド維持が図れ、その条件を受け入れることを要求される。これは系列取引とも言われ、ブランドと市場への責任は最終発注者が負うことが多い。市場や顧客はそれらから形成されたブランド力を信用し、商品やサービスを選択する。この場合の社内規格とは、狭義の技術基準・調達基準・出荷基準を指す。

規格化の功罪

SCMの中に、複数の系列取引を持つ企業や工程が内包していても、QCDの管理水準が確保される。規格化を例外的に逸脱するQCDを、市場の要求により設定することがある。その場合は、規格との整合性や背反性を慎重に検討しなければならないため、特にQAの問題が発生しにくい。

近年のグローバル調達構造の中で、サプライヤー側からすれば系列ごとの対応を迫られ、管理が複雑となる。自動車業界ではこれを避けるために、IATF16949（旧QS9000→旧ISO/TS16949→IATF16949）が日本の自動車メーカー以外では主流になりつつある。

系列の頂点に立つSCMの最終発注者の社内規格はノウハウであるから、社外秘が原則となっているが取引条件にされている。それにもかかわらず、開示請求に応じない矛盾が多々見られ、不平等取引の原因ともなっている。社内規格は、すべての規格の上位構造であることで遵守順位が高く、サプライヤーはそれへの織り込みを嫌うため、織り込まれると予想される不具合情報を積極的に開示しなくなる傾向にある。

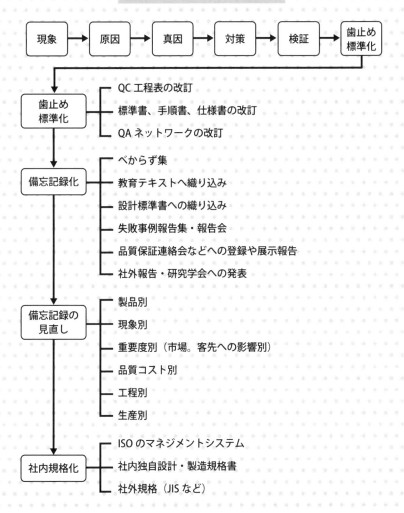

不具合対策段階と水平展開先

現象 → 原因 → 真因 → 対策 → 検証 → 歯止め標準化

歯止め標準化
- QC工程表の改訂
- 標準書、手順書、仕様書の改訂
- QAネットワークの改訂

備忘記録化
- べからず集
- 教育テキストへ織り込み
- 設計標準書への織り込み
- 失敗事例報告集・報告会
- 品質保証連絡会などへの登録や展示報告
- 社外報告・研究学会への発表

備忘記録の見直し
- 製品別
- 現象別
- 重要度別（市場。客先への影響別）
- 品質コスト別
- 工程別
- 生産別

社内規格化
- ISOのマネジメントシステム
- 社内独自設計・製造規格書
- 社外規格（JISなど）

Point

◆ ブランド力は規格構築力である。
◆ グローバル調達構造と背反する場合があり、ダブルスタンダードになる可能性がある。

叱ると怒るの違い

　旧日本帝国海軍の山本五十六大将は、人を育てることに長けていたと言われる。「やってみせ、言って聞かせて、させてみせ、ほめてやらねば、人は動かじ。話し合い、耳を傾け、承認し、任せてやらねば、人は育たず。やっている、姿を感謝で見守って、信頼せねば、人は実らず」は現代にも通じる。統制と言えば、厳しく上意下達で口答えを許さず、とにかく締めつけるというイメージを持つ人も多いだろう。しかしそのような人は、はるか戦前の管理の達人から"管理ができない管理者"と位置づけられている。

　本章では、統制の崩れやすい原因と修正方法について述べたが、なぜ失敗したかを理解させることが必須である。統制は崩れやすい。特に命のやりとりをする戦場へ、未経験者を送り込んで組織活動をするのである。強い強制力が必要と思いがちであるが、実はなぜしなければならないか、それは何のためか、理解させて動けるところまで見守ることが必要と説いている。

　業務のネックがわかり、あるべき姿がわかれば、間違っても反省ができるし、次にしないように行動も起こせる。訓練途中の者が理解できないような課題を突きつけられても、できない原因は他責となる。失敗を犯した者は自己肯定を行いたいから、自己の理解度が発展途上であれば努力できるが、到達方法がわからないとあきらめてしまう。

　正しいことを行っている手応えとステップバイステップによる成果が、

人の育成には欠かせない。それを理解させない教育方法は、叱るのではなく怒っているだけである。何に対して怒っているのかと言えば、怒ることでしか表現できない自身のふがいなさに対してである。

第 **6** 章

維持から改善へ
移行する手順

6-1 工程を安定化させる条件

⇒ 工程の安定化を向上させる

　工程は、工程の4要素である4Mを使い、QCDのねらいの品質をできばえの品質に転写する変換装置であることは繰り返し記載している。その実現には、潜在化した不安定要素を理解しておくことが必要とされる。

　品質不良は良品条件が定義されていないと異常が発見できないが、一方で工程の特性値が網羅されていることはない。ノウハウの限界が存在し、新製品開発のほとんどは昨今の開発競争の中で短期間化している。その結果、量産立ち上げ時の初期流動管理期間で大きな問題が発見できなかったとしても、それは抜き取りサンプリングで不良が発見できなかったと考えるべきである。工程の真の姿はなかなか見えないため、常に安定化を向上させる意図的な活動が求められる。

⇒ 工程の安定化条件

　次ページ下図は安定化条件について列挙したものであるが、チェックポイントとしては以下が挙げられる。

　　○ねらいの品質からできばえの品質が定められている←両者が矛盾していないか、ムダ・ムラ・ムリがないか

　　○管理基準値は極力数値化して測定検証性を確保すべきだが、言語情報も検証方法を工夫して織り込むことはできる

　　○管理基準を守らせるルールが決められており、守っているかを検証できる

　　○基準から外れることに着目する傾向管理体制になっている

　　○管理値から外れる前に異常を発見や認識できる体制になっている

　　○異常の処置ルールが定まっており、教育され実働するよう整備されている

　少なくともこれらの観点が抜け落ちた工程管理は、統制力の弱点が存在するため、改めて各項目をYES・NOで確認して欲しい。これらのポイントが統制力を向上させ、工程の付加価値増加機能が適切に機能するように取り組むべきである。

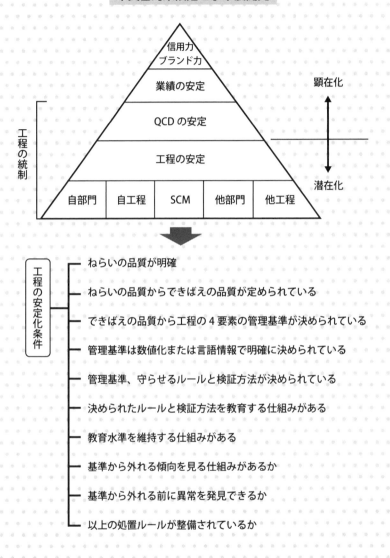

不具合対策段階と水平展開先

- 信用力 ブランド力
- 業績の安定
- QCD の安定
- 工程の安定
- 自部門 / 自工程 / SCM / 他部門 / 他工程

工程の統制

顕在化 ← → 潜在化

工程の安定化条件

- ねらいの品質が明確
- ねらいの品質からできばえの品質が定められている
- できばえの品質から工程の4要素の管理基準が決められている
- 管理基準は数値化または言語情報で明確に決められている
- 管理基準、守らせるルールと検証方法が決められている
- 決められたルールと検証方法を教育する仕組みがある
- 教育水準を維持する仕組みがある
- 基準から外れる傾向を見る仕組みがあるか
- 基準から外れる前に異常を発見できるか
- 以上の処置ルールが整備されているか

 oint

◆ 工程の安定化は、安定力の向上を意図して行う。
◆ 工程の安定化を向上する取り組みは、統制力を向上することである。

行動が起こせないムダな管理は除外する

➡ 工程管理は行動を起こすための統制

　工程の4Mを管理し、安定と維持向上を図ることが管理の目的である。そのためには、どこを、どのように統制すべきか決定していかなければならない。工程管理者の職に就く人の職務内容において、行動を決定する判断能力がどのくらいあるかが問われることになる。

　行動が起こせない理由として情報不足や分析不足を挙げる工程管理者は、行動できないのではなく、行いたくないのである。行動決定につながらない管理作業は、むしろムダで排除した方がよい。

➡ 工程の問題点の改善行動が起こせない原因

　各企業やそれぞれの工程ごとに原因は多種多岐にわたるであろうが、次ページの下図に示した行動フローから、

　　○工程の真の姿を見たくない、見る・知る必要がないと思っている

　　○工程の真の姿から改善の必要性が導き出せない。あるべき姿がわからない

　　○自工程が機能不全でも困らないと思っている

というような原因に集約されると考えられる場合、「当事者意識」の不足が指摘できる。したがって工程の統制力は、工程従事者および管理者の「当事者意識」を向上させることが欠かせない。

　管理者の力量、当該工程や全体としてのノウハウ不足、減点主義の人事評価制度など原因から真因に至る理由はケースバイケースであるが、共通して存在する真因は「当事者意識」である。今までこの方法で何とか対応できた、誰かがやってくれる、まだ問題は顕在化していない、など他人事意識が工程に入り込んでいるからである。

Ｐoint

◆ 工程の問題点や課題解決の行動を起こすのは当事者意識である。

◆ 改善行動につながらない管理作業はムダである。

行動決定ができない原因

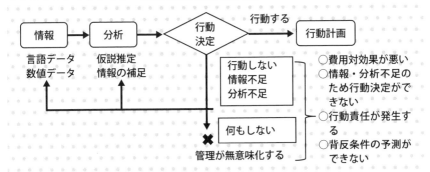

情報 → 分析 → 行動決定 → (行動する) → 行動計画

言語データ
数値データ

仮説推定
情報の補足

行動しない
情報不足
分析不足

✖ 何もしない
管理が無意味化する

○費用対効果が悪い
○情報・分析不足のため行動決定ができない
○行動責任が発生する
○背反条件の予測ができない

改善行動を起こすまでのフロー

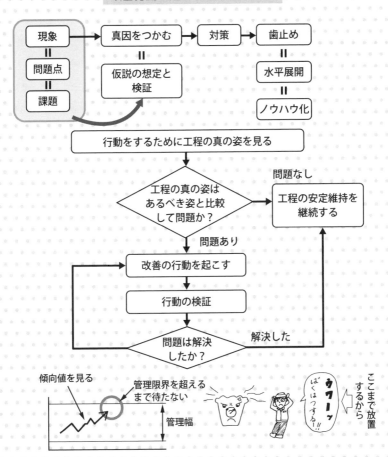

現象
＝
問題点
＝
課題

真因をつかむ → 対策 → 歯止め
＝
仮説の想定と検証

＝
水平展開
＝
ノウハウ化

行動をするために工程の真の姿を見る

工程の真の姿はあるべき姿と比較して問題か？

問題なし → 工程の安定維持を継続する

問題あり

改善の行動を起こす

行動の検証

問題は解決したか？ → 解決した

傾向値を見る

管理限界を超えるまで待たない

管理幅

オワーッ
ぼくはつぶれる!!

ここまで放置するから

6-3 SCMが不適切に放置されていないか

➡ SCMの重要性

　現在、SCM（Supply Chain Management）は長大で複雑になっていくことが避けられない状況である。過去の大地震で津波が発生し、東北のある部品製造企業の工場が消滅してしまった。最終組立企業は発注リスク分散をBCP対策として採用していたが、1次から2次…と発注先の深度が深まるに従って商流が複雑となっていき、結局は東北の1社へ最終的に発注されていたことが、物流が中断して初めて判明した事例があった。

　当該部品はカタログ市販品であり、商社はカタログナンバーとしては各社独自を付与していたが、中身は同じ商品だった。幸いにも商流が複雑だったため、各社の在庫により復旧までの供給量を確保できた。自社・自工程を含めたSCMがどういう状態にあるか把握することは、海外まで延長されたSCMの維持に対して重要である。本項では、材料自達か支給かに関係なく加工委託を前提に解説する。

　次ページには自工程から直接的に、または前工程として協力工場による外注工程が入るフロー図を示した。外注工場のQCD上の問題点は以下の通りである。

　　○外注工場の自工程（自社）占有率が高いと、外注加工賃（変動費）ではなく、当該外注工場の経営責任を負う固定費扱いになる
　　○外注工場の責任者の自工程への依存性が高いと、責任者が不明確でも運営できるようにになり、当事者意識が希薄になる
　　○外注工場の自工程への依存性が高いと、自工程を取り巻く支援組織が個別に介入して、情報の錯綜や漏れが生じやすい

➡ SCMの再構築をどのようにするか

　自工程（自社）の占有率が高い外注先が混在しているか否かで変わるが、基本的に、SCMは物と情報がセットで伝達するシステムであることから、情報の共有化を軸に生産計画を伝達する。また、SCMの中で発注権をどの部署が持つかを明確にする。自工程の一部として自工程が発注権を持つか、中間仕掛

購入品として調達部門が持つかを明確にさせておく。このほか、QCDの責任部署と窓口を決めることも重要である。

さらには、外注工場の評価を行う。あらかじめQCDの評価項目を設定し、定期的に評価して指導を行う。そして、外注工場への支払単価を決定する部門と、QCDを管理する部門の調整を行う。なお、外注工場に対する注意点としては以下の事項についても認識しておくとよい。

○事業承継も含めて責任者が明確で、責任者が不在でもサブ責任者で運営可能か
○海外ローカルメーカーの場合は自工程（自社）のルールに従うか
○自工程（自社）の占有率が低い場合、生産計画が理解と協力が得られるか

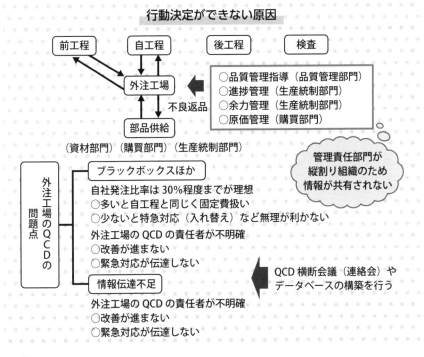

行動決定ができない原因

前工程　自工程　後工程　検査

外注工場　←　○品質管理指導（品質管理部門）
　　　　　　　　○進捗管理（生産統制部門）
不良返品　　　　○余力管理（生産統制部門）
　　　　　　　　○原価管理（購買部門）

部品供給

（資材部門）（購買部門）（生産統制部門）

管理責任部門が縦割り組織のため情報が共有されない

外注工場のQCDの問題点

ブラックボックスほか
自社発注比率は 30％程度までが理想
○多いと自工程と同じく固定費扱い
○少ないと特急対応（入れ替え）など無理が利かない
外注工場の QCD の責任者が不明確
○改善が進まない
○緊急対応が伝達しない

情報伝達不足
外注工場の QCD の責任者が不明確
○改善が進まない
○緊急対応が伝達しない

QCD 横断会議（連絡会）やデータベースの構築を行う

Point

◆ SCMはBCPを考慮する。
◆ 調達部門が構築するSCMにQCDが適切に織り込まれ、評価する仕組みにする。

リーダーシップで
カイゼン活動

➡ リーダーシップの必要性

　工程において、改善すべき内容は多々存在する。しかし、それらが放置されることが多いのは、工程設計段階で設定された所要工数やタクトタイムを達成すると、工程の安定化のみが工程管理者の役割と考え違いをするからである。ここで言う所要工数とは、作業1単位当たりの必要投入作業量のことである。

　目で見る管理を行い、ボトルネックを探して所要工数を低減していく活動は、工程が付加価値の増大活動を行うシステムであり、より少ない4Mの投入量でより多くの生産量を得ることは経営目的に合致する。ただし、つくりすぎのムダが発生しないことが前提となる。いったん安定化状態に入った工程は、管理者も含めて変化点を避けようとする。所要工数を下げる活動の「カイゼン」にトップダウンは欠かせない。

➡ 工程の流し方と特徴を理解する

　次ページ上図のような工程において、フローショップ型は大量生産用のラインレイアウトである。工程の流れ方は比較的単純で、1個流しを採用するとボトルネックもわかりやすい。

　一方、ジョブショップ型は多品種少量生産に適したものである。この場合、自工程のどこにボトルネックが存在するのかがわかりにくい。

➡ 標準時間の設定とIEの活用

　自工程の作業分析をIEなどを活用して実施する前に、標準時間の設定の見直しをしておく。正味作業時間や余裕時間があるべき姿と異なっているか、準備標準時間が問題かどうかなどである。たとえばトイレに行ってなかなか帰ってこない、朝礼が長いなど管理側からの見直しはすぐ着手すべきである。次ページに示した表の中に、手待ちのムダや作業そのもののムダが各所に隠れているが、タクトタイムから主作業時間が正しいかどうかを常に確認しておく。

　どこに問題がありそうかを概ね確認できた後、2-8項で説明したIEなどの手法を使用して詳細な分析を行う。

工程の流し方

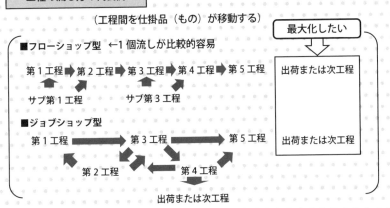

工程の流し方の代表例

（工程間を仕掛品（もの）が移動する）

■フローショップ型　←1個流しが比較的容易

第1工程 ➡ 第2工程 ➡ 第3工程 ➡ 第4工程 ➡ 第5工程

サブ第1工程　　　　サブ第3工程

■ジョブショップ型

第1工程 ━━━━➤ 第3工程 ━━━━➤ 第5工程

第2工程　　　　　第4工程

出荷または次工程

最大化したい

出荷または次工程

出荷または次工程

⬇ 各工程の作業量にばらつきがあると
　作業待ちや滞留が発生する

作業標準時間の種類

構成			説明と例
作業標準時間	正味作業時間	主作業時間	実質的な作業時間のこと 機械自動送り作業、機械操作作業、手作案（組立作業）
		付随作業時間	工具や機械の手入れなどに費やされた時間 機械への材料取り付け、取り外し作業
	余裕時間	作業余裕	工具の取り替え、注油、機械調整（3〜5％）
		職場余裕	材料・工具待ち、クレーン待ち、連絡、整頓（3〜5％）
		用達余裕 （ようたしよゆう）	汗ぬぐい、水飲み、用便（3〜5％）
		疲れ余裕	休憩（重作業30％、中作業20％、軽作業10％）
準備標準時間	準備正味時間		作案、部品・材料、治工具などの準備、片づけ
	準備余裕時間		主として疲れ余裕

標準作業時間＝必要生産量／主体作業時間

➡️ リーダーシップを発揮してカイゼン

前ページで紹介した「工程の流し方」のフローショップの図で、実際の例を次ページに示す。対策前は、ボトルネックのD工程の前で仕掛品の滞留が多いことがわかり、IE手法で分析した結果、以下のことが判明した。

次ページの対策前の図で、D工程のタクトタイムが60秒もあり、ボトルネック工程となっていた。A工程のタクトタイムが50秒のため、D工程前の滞留量は見かけ上多くはならず、問題が発見しにくかった。当該工程の問題点は、AとD工程に「作業そのもののムダ」「動作のムダ」「運搬のムダ」が含まれていたことである。さらにBとC工程に「手待ちのムダ」があったが、作業は手待ちの間にツールゲートを自らの判断で入れて一見「手間のムダ」がないようにしていた。

暫定対策として、AとB工程にE作業者を応援者として投入し、D工程にF作業者を投入して作業を分割した。その結果、対策前は4人で60秒に1個の生産量が、対策後は6人で30秒に1個となった。

次に、AとB工程を連続工程に改造し、D工程を半自動機で2台持ちとしてタクトタイムを35秒とした。C工程の5秒の手待ち時間はA工程投入作業の付帯作業とした。工程管理者は、D工程前の滞留だけに着目すれば、応援工数を投入し解消させて終了とするが、以下の着眼点を持つことで「カイゼン」を図ることができる。

○設備改造で、D工程のタクトタイムを向上させるために設備改造を行うか、作業のムダ・ムラ・ムリをECRS法などの利用により、人員を投入して工程分割を図るかどうかは管理者の力量と分析力による

○さらにD工程を分割し、次に発生するボトルネックのA工程をB工程と合体させて、タクトタイムを低減することも可能である

ここには冷静な分析力と、生産技術を巻き込んで設備改善や作業方法の見直しを図るために、工程管理者には強力なリーダーシップが求められる。これらは工程の統制力を強化し、筋肉質の工程に変身を遂げる。工程の構成メンバーには、あらかじめ「カイゼン」の必要性を丁寧に説明して納得させておく。

🅿️oint

◆ カイゼンポイントは、意識して見ないとわからない。
◆ 工程の安定状態をいったん崩すためリーダーシップの発揮が必要。

工程のカイゼンの実例

工数＝仕事量の全体を表す尺度。仕事を1人の作業者で遂行するのに要する時間 JIS Z 8141-1227

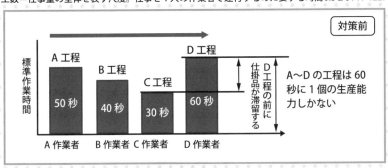

対策前

標準作業時間

A工程 50秒
B工程 40秒
C工程 30秒
D工程 60秒

A作業者　B作業者　C作業者　D作業者

D工程の前に仕掛品が滞留する

A～Dの工程は60秒に1個の生産能力しかない

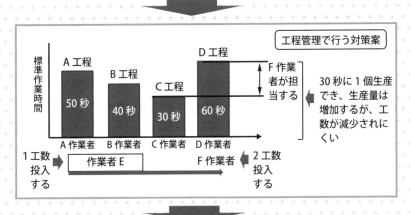

工程管理で行う対策案

標準作業時間

A工程 50秒
B工程 40秒
C工程 30秒
D工程 60秒

A作業者　B作業者　C作業者　D作業者

F作業者が担当する

1 工数投入する　作業者E　F作業者　2 工数投入する

30秒に1個生産でき、生産量は増加するが、工数が減少されにくい

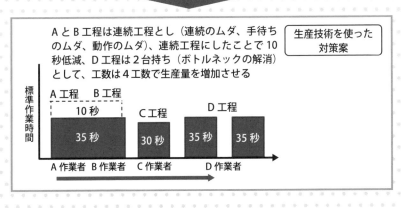

AとB工程は連続工程とし（連続のムダ、手待ちのムダ、動作のムダ）、連続工程にしたことで10秒低減、D工程は2台持ち（ボトルネックの解消）として、工数は4工数で生産量を増加させる

生産技術を使った対策案

標準作業時間

A工程　B工程
10秒
35秒
C工程 30秒
D工程 35秒　35秒

A作業者　B作業者　C作業者　　D作業者

6-5 ダメ出し会を行おう

⇨ QCDの最終責任はどこが負う

　ねらいの品質を必要かつ十分にできばえの品質に転写し、市場や顧客に届けることが工程管理に求められている。しかし、下図に示したように最終量産判定を曖昧なままで量産開始に至っていないだろうか。また量産準備中に各部門を統合してDRを実施し、HVT（ハイボリュームトライ：量産試作）を繰り返していよいよ量産開始という段階で、もう十分としてそのまま量産開始のトリガーを弾いていることはないだろうか。

　量産準備が整ったことと、量産してもよいこととは意味が違う。量産責任を持つのは誰か、その権限者を確認することが重視される。

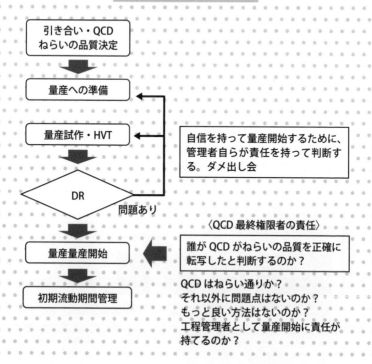

量産開始までのステップ

引き合い・QCD
ねらいの品質決定

↓

量産への準備

↓

量産試作・HVT

↓

DR
問題あり

↓

量産量産開始

↓

初期流動期間管理

自信を持って量産開始するために、管理者自らが責任を持って判断する。ダメ出し会

〈QCD 最終権限者の責任〉

誰が QCD がねらいの品質を正確に転写したと判断するのか？

QCD はねらい通りか？
それ以外に問題点はないのか？
もっと良い方法はないのか？
工程管理者として量産開始に責任が持てるのか？

174

➡ QCDをできばえの品質に転写する仕組みは整っているか

　下図の工程管理全般について、仕組みの確認とできばえの品質確認を怠らないようにする。少なくとも破線内の各項目については、抜き取り法でもよいから現地現物で確認するべきである。これにより、できばえの品質を転写することが可能になる。

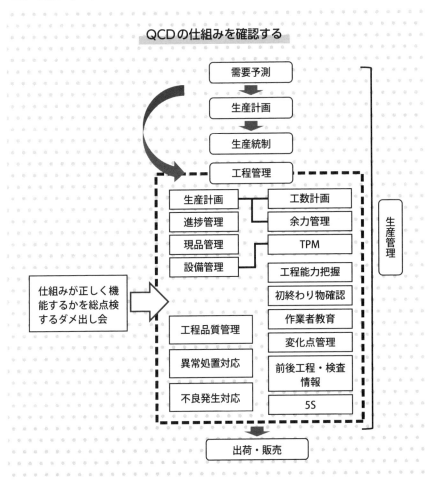

QCDの仕組みを確認する

- 需要予測
- 生産計画
- 生産統制
- 工程管理

生産計画	工数計画
進捗管理	余力管理
現品管理	TPM
設備管理	工程能力把握
	初終わり物確認
工程品質管理	作業者教育
	変化点管理
異常処置対応	前後工程・検査情報
不良発生対応	5S

生産管理

仕組みが正しく機能するかを総点検するダメ出し会

出荷・販売

Point

◆ ダメ出し会は、QCD全体にわたって量産開始が妥当かどうかを、工程管理責任者自らが行う。

◆ 是正処置を発令した場合は、対策まで必ず確認する。

➡ PDCAは無限の回転

　工程改善は、次ページ上図のように課題が発生または発見し、PDCAを回して解決していく。課題を解決すると、3-13項でも解説したように、成功体験により自信と次の課題に挑戦するモチベーションが生まれる。

　課題を解決するたびに、標準類や規格類が整備されていく。過去の標準類や規格類は足し算方式で積み上がっていく一方で、不要な規格部分の棚卸しは定期的に行っておきたい。

➡ 成功体験が行動の制限をかける

　成功体験は大切である。一方で次ページ下図に示すように、工程改善は実行する前から過去の成功体験をもとに無難な方策を採ってしまい、失敗もない代わりに目星しい成果が出にくい体制になっている場合がある。そして、知見やノウハウを持っているオピニオンリーダーや管理者が「カイゼン」をつぶす場面が多く見受けられる。

　こうした行動制限を乗り越えるために、以下のような発想の転換を促したい。

　○成功体験は過去の事象であると考える

　○現状把握や要因分析段階では余談を入れないため、ブレーンストーミングを使い、KJ法や連関図などで多種多様な意見を集約する

　○できない探しはしない。できる方法を検討する

　○ルールは遵守するが、変更をためらわない。ただし、二律背反条件を確認する

P oint

◆ 成功体験は、失敗を恐れる組織風土をつくることもある。

◆ 新しいアイデアを考えるにはオピニオンリーダーをうまく使い、うまく排除する。

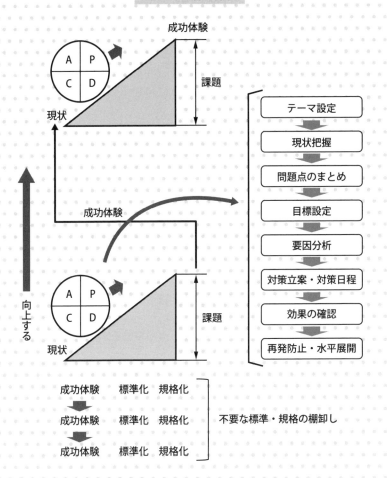

PDCA と成功体験

成功体験

A | P
C | D

課題

現状

向上する

成功体験

現状

課題

成功体験

A | P
C | D

テーマ設定

現状把握

問題点のまとめ

目標設定

要因分析

対策立案・対策日程

効果の確認

再発防止・水平展開

成功体験　標準化　規格化

成功体験　標準化　規格化

成功体験　標準化　規格化

不要な標準・規格の棚卸し

失敗しないし成功もしにくい構図

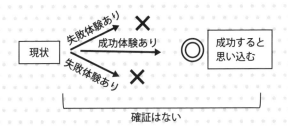

現状

失敗体験あり ✕

成功体験あり ◎ 成功すると思い込む

失敗体験あり ✕

確証はない

➡ ECRSの活用とパレート的活用

5S（整理・整頓・清掃・清潔・躾）は、見える化を実施するに当たり活動する基本である。「5Sに始まり5Sに終わる」という格言的な意味は、必要なものがあるべき所に、あるべき姿で管理され、それらが誰に言われなくても自主管理実行できることが、統制の始まりであると同時に成功を自らが確信できることとなる。

ECRSは、作業自体を止めたらどうか、一緒もしくは連続して作業できないか、作業の順序を入れ替えてみたらどうか、簡単・単純化できないかと順番に考えて行くことである。5Sの整理は不要なものをまずは排除することに始まるが、ECRSのなくせないかは、基本的には全廃を前提とする。「な」→「か」に従って効果が低くなる。次ページ上図はパレート図に表現したものである。「なくせないか」の効果は大きい。ただし、4M変化点も大きいため、実行前にFMEAなど検討を十分行う必要がある。2-7項で7つのムダと関連させて使い方を紹介したが、詳細は以下である。

➡ ECRSの概要

工程管理だけではなく、間接部門の仕事の棚卸しにも使える手法である。ECRS（内需化の語呂合わせ（下記の**太字**で表した）で覚えるとよい。作業方法の変更や工程そのものに対しても適用できる。

○E（Eliminate：なくせないか）：作業や動作そのものを排除できないかと考える。←**な**くせないかの検討
○C（Combine：結合と分離）：類似の作業をまとめる。必要工具をひとまとめにして持ち替えや探す動作をなくす。逆に分離してムリな動作をなくす。←**い**っしょにする
○R（Rearrange：入れ替えと代替）：作業順序の入れ替えや、場所の入れ替え、作業者の入れ替えや変更を計画してみる。←**じゅ**んばんの入れ替え
○S（Simplify：簡素化）：作業分析を行い、動作を単純化できないか、あるべき姿を描くなどの工夫をする。←**か**んたんに

➡ ECRSの事例説明

①E（Eliminate：なくせないか）

　下図は検査工程を「なくせないか」の検討事例である。検査は、付加価値の増大に直接的には寄与しない。むしろ、検査の分だけ納期が延びる。検査工程をなくすためには、工程内保証をすることである。間違えてはいけないのは、工程2から最近不良が流れてこないから止めてしまえという判断は、品質コストを考えず統制能力のないダメ管理者の発想である。

　たとえば、工程1と工程2のQAネットワーク上、工程1のクオリティゲートとして機能するかを検討する。工程1で誤組み付けが発生した場合、工程2の組み付け工程で組み付けることができないなら、工程1の検査工程は不要である。次に、工程2の自工程完結活動を行う。FMEA評価を行い、RPN（Risk Priority Number：リスク優先度＝（影響度）×（発生頻度）×（検出度））により、各10点満点法で100点以下に工程内管理が可能で、かつ、影響度が9〜10点ではなく、検出度の取得点数が目視検査などの4M（人Man）の五感に頼らない確実な工程管理が採用できるのであれば、検査工程はなくせる可能性が高い。まずは、動作や工程をなくしてしまうことを検討する。

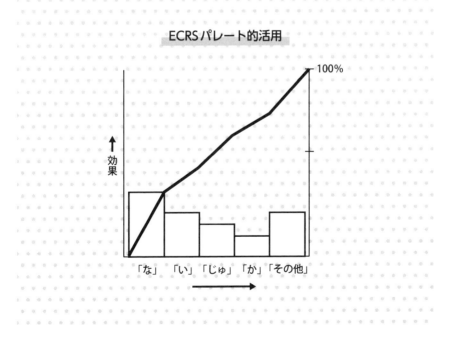

ECRSパレート的活用

②C（Combine：結合と分離）〜いっしょにできないか

　工程が1から4まで連続で並んで、工程1と工程4がボトルネック工程であった場合、工程2と3に手待ちのムダが発生する。工程1と4の4Mを検討してタイムを短縮する方法もあるが、工程2と3を結合することでボトルネックが解消できるのであれば、省人化が図れる。ただし、1日当たりの総生産量から割り出したタクトタイムが目標未達となるため、採用するかどうかは要検討である。この事例では、「運搬のムダ」の削減も期待できる。

③R（Rearrange：入れ替えと代替）〜入れ替えられないか

　下図は現行工程において、装置3と4を入れ替えると運搬のムダがなくなるという単純な事例である。このような事例が発生する原因としては、量産開始時には1から4まで順番に工程が流れていたが、その後に追加された製品が装置3と4が逆であり、併行生産であったし想定的に少量であったため、専用ライン化も困難であった。その後当該製品が主流となり、工程は運搬のムダを放置していた事例となる。

　この場合、実際には装置3と4を一緒にしてしまい共用装置化するか、装置3と4が段取りで入れ替えることを可能にして、通常は1→2→4→3とする。工程管理者が問題点を見逃すと、このような単純なロスが日常化し、作業者がムダな動きを強いられる。流動数が多い製品別レイアウト（フローショップとも言う）を採用すると、異常な運搬動作がわかりやすいが、機能別レイアウト（ジョブショップとも言う）は作業動線自体が複雑で気づきにくい。そこで、IEを使用するとわかりやすくなる。

④S（Simplify：簡素化）〜簡単にならないか

　次ページ下図は座付きボルト化の事例である。一緒にならないかとも言えるが、工程を単純化していく発想は、たとえば部品や治工具のワンタッチ装着化など応用範囲が広い。工程改善効果が期待できる順番は「な」→「い」→「じゅ」→「か」であるから、パレート的に検討する。

Point

◆ ECRSは、EやCの効果がRやSより高く、思考順序はECRSの順で採用を検討する。

◆ 工程4M変化点が発生するため、FMEAで事前検討する。

E（Eliminate）なくせないか

「な」

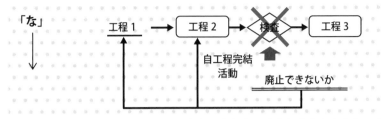

C（Combine）いっしょにできないか

「い」

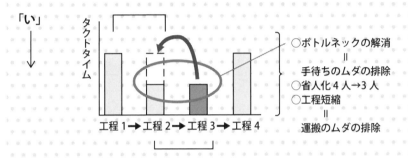

○ボトルネックの解消
　＝
手待ちのムダの排除
○省人化4人→3人
○工程短縮
　＝
運搬のムダの排除

R（Rearrange）入れ替えられないか

「じゅ」

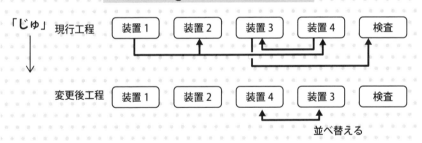

S（Simplify）簡単にならないか

「か」

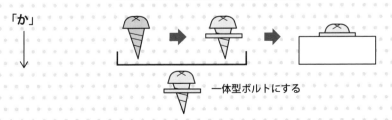

一体型ボルトにする

Column 6

過去の栄光にしがみつく

　統制とは行動力である。いくら口先で立派なことを言っても、実行力が伴わなければ成果が出ない。工程現場では日々いろいろな問題が発生する。工程管理者は、その対応に待ったなしで決断と実行を迫られることになり、部下はその指示を待つか承認を期待する。現代は、消費者の価値観の多様化やグローバル化で市場の動向が読みにくく、ねらいの品質も定めにくい。

　現場で発生した問題・課題の原因調査や対策の過程で、成果の共有を図るため関係者を招集することは多い。ところが、困ったことに遭遇するのが出羽守の存在である。「過去はこうだったから、これで乗り切れる」と言い切る管理者の存在である。

　市場は変化するし、過去とはまるで異なる製品の開発を短期間で行わなければならない時代に、ノウハウを伝授して要因解析や対策の一助になるならまだよい。しかし、役に立たない体験の羅列では聞いている方が困り果ててしまう。それが、経営層からの指示であるなら一応は検討せねばならず、そこに時間と労力を費やされる。過去の事例から対策を断定的に指示されても、品質保証部門が後始末に大迷惑を被る。

　情報の共有化は大切だが、さらに重要なのはそれをもとにどう行動するかである。「昔はそんなことはなかった」「他者はその方法でうまくいっている」など、成功モデルをなぞるだけで成功者になれるなら苦労はしない。模倣から入って正解の場合もあるが、デッドコピーをするならどこにノウハウが隠れているかわからないから徹底的にした方がいい。過去の成功体験を捨てることも時には必要である。

182

【参考文献】

「実践 現場の管理と改善講座07 不良低減第2版」、名古屋QS研究会著、日本
　規格協会、2013年3月

「実践 現場の管理と改善講座08 設備管理第2版」、名古屋QS研究会著、日本
　規格協会、2013年3月

「現代生産管理論」、澤田善次郎著、マナハウス、2006年5月

「目で見て進める工場管理 実践生産管理論」、澤田善次郎著、日刊工業新聞
　社、1991年6月

「トコトンやさしい作業改善の本」、岡田貞夫著、日刊工業新聞社、2004年12月

「図解よくわかるこれからの生産管理」、菅間正二著、同文舘出版、2003年10月

「生産技術の実践手法がよ～くわかる本」、菅間正二著、秀和システム、2010
　年3月

「図解よくわかるこれからの工程管理」、菅間正二著、同文舘出版　2007年6月

「トコトンやさしい工場管理の本」、岡田貞夫著、日刊工業新聞社、2014年3月

「自動車と設計技術」、「応用機械工学」編集部編、大河出版、1983年11月

「トコトンやさしいトヨタ生産方式の本」、トヨタ生産方式を考える会編、日刊
　工業新聞社、2004年2月

「生産マネジメント入門①生産システム編」、藤本隆宏著、日本経済新聞出版
　社、2001年6月

「製造システム」、木村文彦著、岩波書店、2005年8月

「図解ISO/TS16949の完全理解」、岩波好夫著、日科技連出版社、2010年12月

「JIS Z 8141：2001」、日本規格協会

「トヨタ生産方式の基本としくみ」、佃 律志著、日本能率協会マネジメントセ
　ンター、2012年7月

「よくわかる　かんばんと目で見る管理の本」、副田武夫著、日刊工業新聞社、
　2009年6月

「トコトンやさしいTPMの本」、中野金次郎著、日刊工業新聞社、2005年11月

「続々・目で見て進める工場管理」、岡田貞夫著、日刊工業新聞社、2001年6月

「トコトンやさしい生産技術の本」、坂倉貢司著、日刊工業新聞社、2015年12月

「ビジネスマネージャー検定試験公式テスト」、東京商工会議所編、中央経済社、2015年3月

「信頼性入門」、塩見弘著、日科技連出版社、1992年2月

「品質"知識"教育テスト（詳細編）」、トヨタ自動車編、トヨタ自動車、2005年7月

「トヨタ式生産システム─トヨタ方式─」、大野耐一主筆・トヨタ自動車編、トヨタ自動車、1975年7月

「トコトンやさしい工程管理の本」、坂倉貢司著、日刊工業新聞社、2016年11月

中小企業白書　https://www.chusho.meti.go.jp/pamflet/hakusyo/2019/PDF/chusho/00Hakusyo_zentai.pdf

SDGs参考URL　https://imacocollabo.or.jp/about-sdgs/

サービス参考URL　https://www.bananarian.net/entry/2019/01/09/133629

エビングハウス忘却曲線参考URL　https://kandareiji.hatenablog.com/entry/hermann_ebbinghaus_blog

索　引

〈著者紹介〉

坂倉 貢司（さかくら こうじ）

1981年、名城大学理工学部機械工学科卒業。トヨタ系自動車部品1次下請メーカーで生産技術部生産技術開発、トヨタ生産方式プロジェクト員、自動車用外装部品設計開発、安全装置設計開発を担当。紡績テキスタイル製造会社で短繊維テキスタイル事業部天然繊維工場勤務。生産技術開発担当、同工場製造部長、生産統括部長、品質保証部長を歴任。自動車部品2次下請メーカーで製品企画Gグループリーダー兼品質保証Gサブグループリーダーを経て、取締役本社工場長と主力生産子会社の取締役に就任。2020年4月に美容室「ANNE-SHIRLEY」を開業。プロリンクスKS経営技研合同会社 代表社員

この間、金属・樹脂・繊維の加工および表面処理技術開発、商品開発設計、品質管理、一貫生産工場の工程管理、生産管理、外注工場管理に携わる。生産管理・工程管理・品質管理セミナー講師および改善コンサルタントを兼務。中小企業診断士、繊維製品品質管理士、日本生産管理学会理事　標準化研究学会理事

著書に「不良低減 実践現場の管理と改善講座」（日本規格協会）、「トコトンやさしい生産技術の本」「トコトンやさしい工程管理の本」（いずれも日刊工業新聞社）がある

利益が出せる生産統制力

異常の芽を事前に摘み取るQCD管理   NDC509.6

2022年4月30日　初版1刷発行   定価はカバーに表示されております。

Ⓒ著　者　坂　倉　貢　司
発行者　井　水　治　博
発行所　日刊工業新聞社

〒103-8548　東京都中央区日本橋小網町14-1
電話　書籍編集部　　03-5644-7490
　　　販売・管理部　03-5644-7410
　　　FAX　　　　　03-5644-7400
振替口座　00190-2-186076
URL　https://pub.nikkan.co.jp/
email　info@media.nikkan.co.jp

印刷・製本　新日本印刷